もっと!
夜行バスで出かけましょう

小川かりん

イースト・プレス

もっと！夜行バスで出かけましょう／もくじ

こんにちは 小川かりんです
旅行と食べることが大好きです!
旅の移動はもっぱら高速バス!
バスを使うのはお安いから…も ありますが
少しずつ変わってゆく景色を眺めるゆったりした時間
少しさみしいような静かに高揚するような旅情あふれる非日常感
バスでそうした時間を過ごすのが大好きなのです
前作の『夜行バスで出かけましょう』は、そんな魅力をお伝えしたくて描きました

そうすると、いろんな人がバスの情報を教えてくれるようになりました
私はこんなグッズを使ってるよ
うちの県ではこんなバスが
今度こんなバスが出るらしい
さらに次々と発表される新しいシートやサービス
すっげー！
えっ、今こんなバスがあるの？
イス代わりのバランスボール
自分が思っていた以上に進化してるし知らないことが多すぎる！
いろんなバスに乗ってみたいし
バスのこともっと知りたい！
よし！
せっかく仕事や旅行でいろんなところに行くんだから……
もっとバスを楽しんじゃおう！

第1章

狭くて窮屈？
4列シートも進化する！

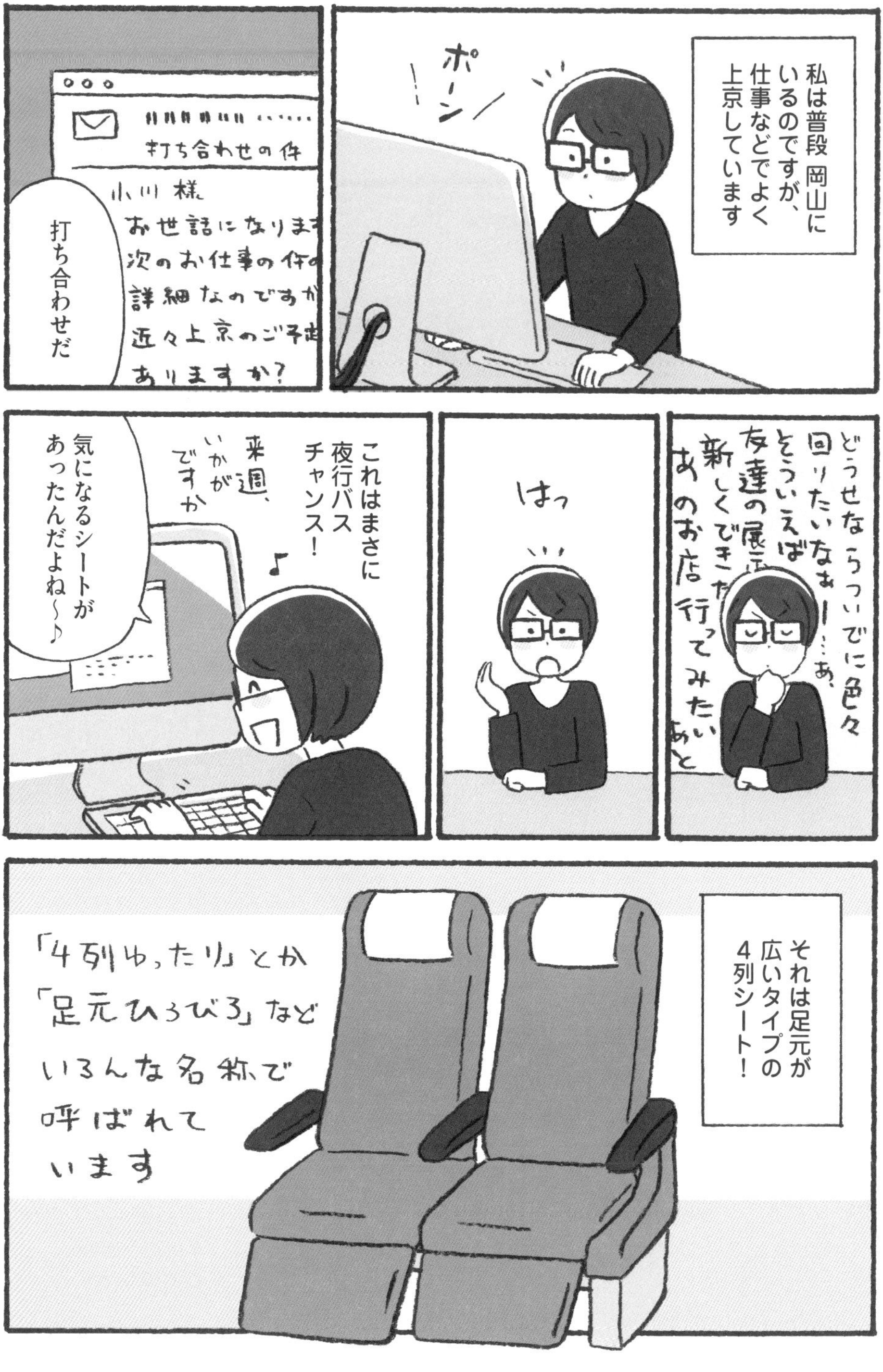
私は普段 岡山にいるのですが、仕事などでよく上京しています
ポーン
打ち合わせの件
小川様
お世話になりま
次のお仕事の件の
詳細なのですか
近々上京のご予
ありますか?
打ち合わせだ
どうせならついでに色々回りたいなぁー…あ、
そういえば友達の展
新しくできた
あのお店行ってみたい
あと
はっ
これはまさに夜行バスチャンス!
来週、いかがですか
♪
気になるシートがあったんだよね〜♪
それは足元が広いタイプの4列シート!
「4列ゆったり」とか「足元ひろびろ」などいろんな名称で呼ばれています

4列シートとは車内に4列（左右2列ずつ）設置されるタイプの座席のこと
一般的には足元が狭く、背もたれもあまり倒れないものがほとんど
よく「夜行バスしんどい」と評されるタイプのシートですね
TVとかで罰ゲム的扱いを受けてるやつ…
平日だと結構空いていることもあり、私はよく利用していましたが
隣があいてるからゆったり使える！
ちょっと横になったり
30歳を過ぎてから少しずつ遠のいていました
最近はもっぱら席が離れている3列独立タイプ
そんな私が今回乗りたいのは、通常よりも足元が広くて背もたれがしっかり倒れる4列シート
通常の4列
足元が広いタイプの4列
足元が広がる分、通常の4列より若干席数が減ります

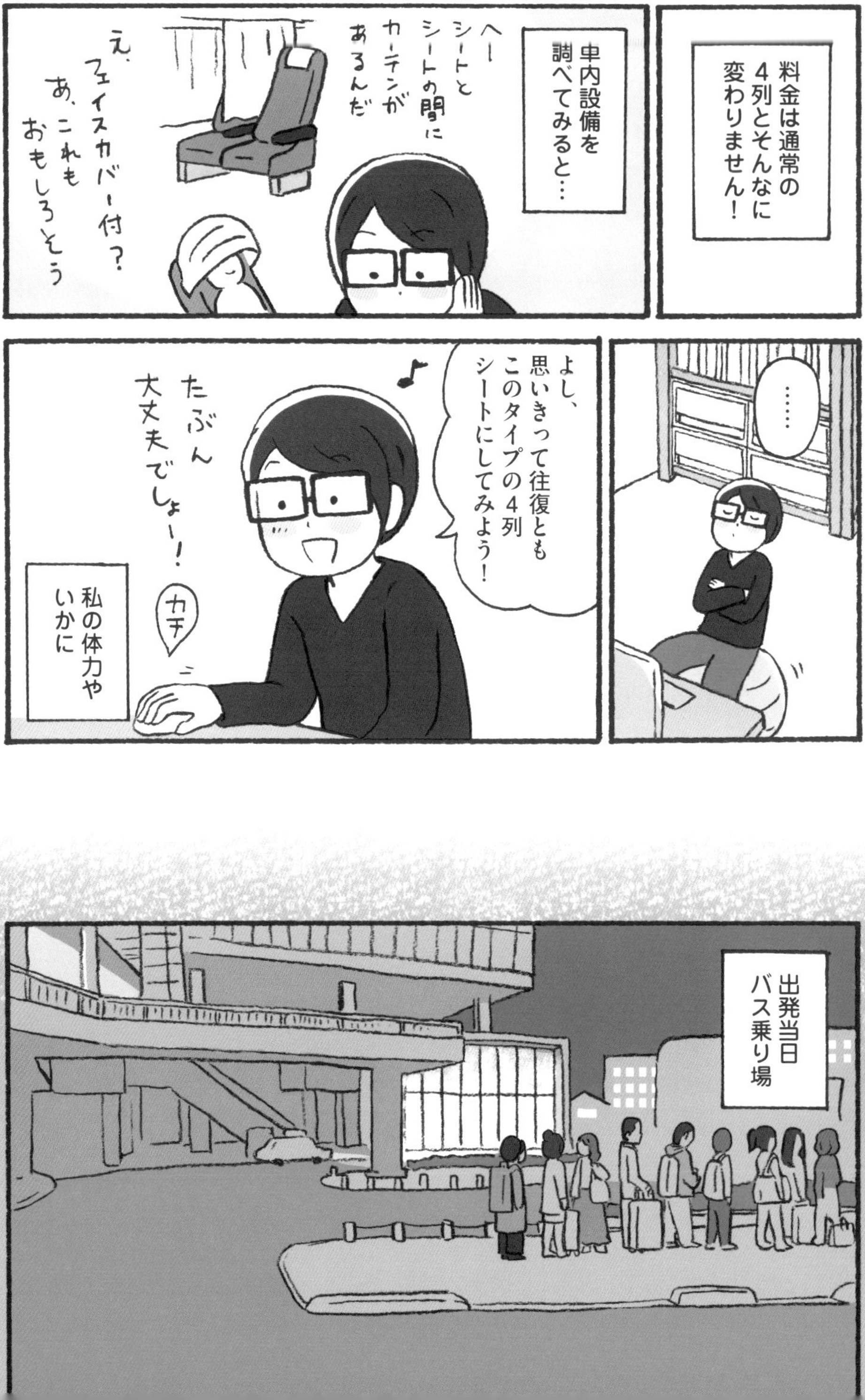
料金は通常の4列とそんなに変わりません！
車内設備を調べてみると…
へーシートとシートの間にカーテンがあるんだ
え、フェイスカバー付？
あ、これもおもしろそう
……
よし、思いきって往復ともこのタイプの4列シートにしてみよう！
たぶん大丈夫でしょー！
カチ
私の体力やいかに
出発当日バス乗り場

今回のバスは席を選べなかったのですが、どこに座るのかわからないワクワク感がありました
こんばんはー
通路側だ
並んで予約確認
ザワザワ
おー
この光景久しぶりだ！
みっちり感なつかしい
この日は平日でしたが満席で、若い人が多い印象でした
お友達と2人連れの方も多かったです

今回乗ったバスは顔を隠すフードがついているタイプ
お隣との仕切り結構高さがあるんだ
昔、満員の4列に座ったときはお隣と肩やひじが当たって気まずかったけど
……
ほー
これならあんまり気にならないな
乗って早々に感動しました
足元、確かに普通の4列より広めだ！
……
普段乗ってる3列独立と変わらないのでは…!?

顔を隠せるフードを下ろすとちょっとしたプライベート空間が！
ベビーカーに入ってるみたいでおもしろい…
ちゃんと一席ずつに電源がついているので充電も問題なし！
ありがたい〜！
まもなく発車します
動き出したところで早速、気になるリクライニングチャレンジ！
倒しても大丈夫ですか？
ガこん
…お、
おおお――？
思ったよりしっかり倒れる――！

乗る前
ちょっと浅めに倒した3列シートくらいの角度にはなるのかな？
ごめんなさい！
なんて思ってた自分、バスに謝って!!
えー！これは普通に眠れそ〜！
とは言え
お隣の気配が全く気にならないとは言えません
ずっと動画見てる
また動いたりカバンの中身を出したりなどごそごそするとお隣に伝わるので、やはり3列独立シートよりかは気を遣います
事前に荷物を分けといてよかった
車内で使う便利グッズセット
充電セット
エアピロウ
飲み物
マスク
アイマスク
お財布
小さいカバン

まもなく
サービスエリアに
到着します
はっ
休憩は
座りっぱなしの
身体を伸ばせる
貴重な時間
トイレなども
私は必ず利用する
ようにしています
あと単純に
夜の雰囲気が
好きなのですよ
お隣さんは
休憩行かないん
だな
この
休憩時間
私は通路側
だったので
出やすかったの
ですが
窓側だったら
お隣さんを
乗り越えて出なきゃ
いけなかったのか

自分が窓側で通路側の人に動く気配が無いときは…やっぱりちょっと行きにくいかな
うーん
でもガマンして体調を悪くしてもいけないし、行きたい時にはちゃんと行った方がいいと思う
気を配りつつも変な遠慮はせずにお互い気持ちよく過ごせるのが一番だよね
ガー
この小さな不自由さ、なんとなく共同生活感があっておもしろいな
休憩が終わればあとは移動の間眠るだけ

ついた〜！
久しぶりの隣に人が座っている状況で、最初はそわそわしたけど
席をしっかり倒せたから、身体への負担も少なかったし
晴れてよかった
途中ですこんと寝ちゃった！
帰りの4列も楽しみになってきたぞ！
準備準備♪
打ち合わせ.

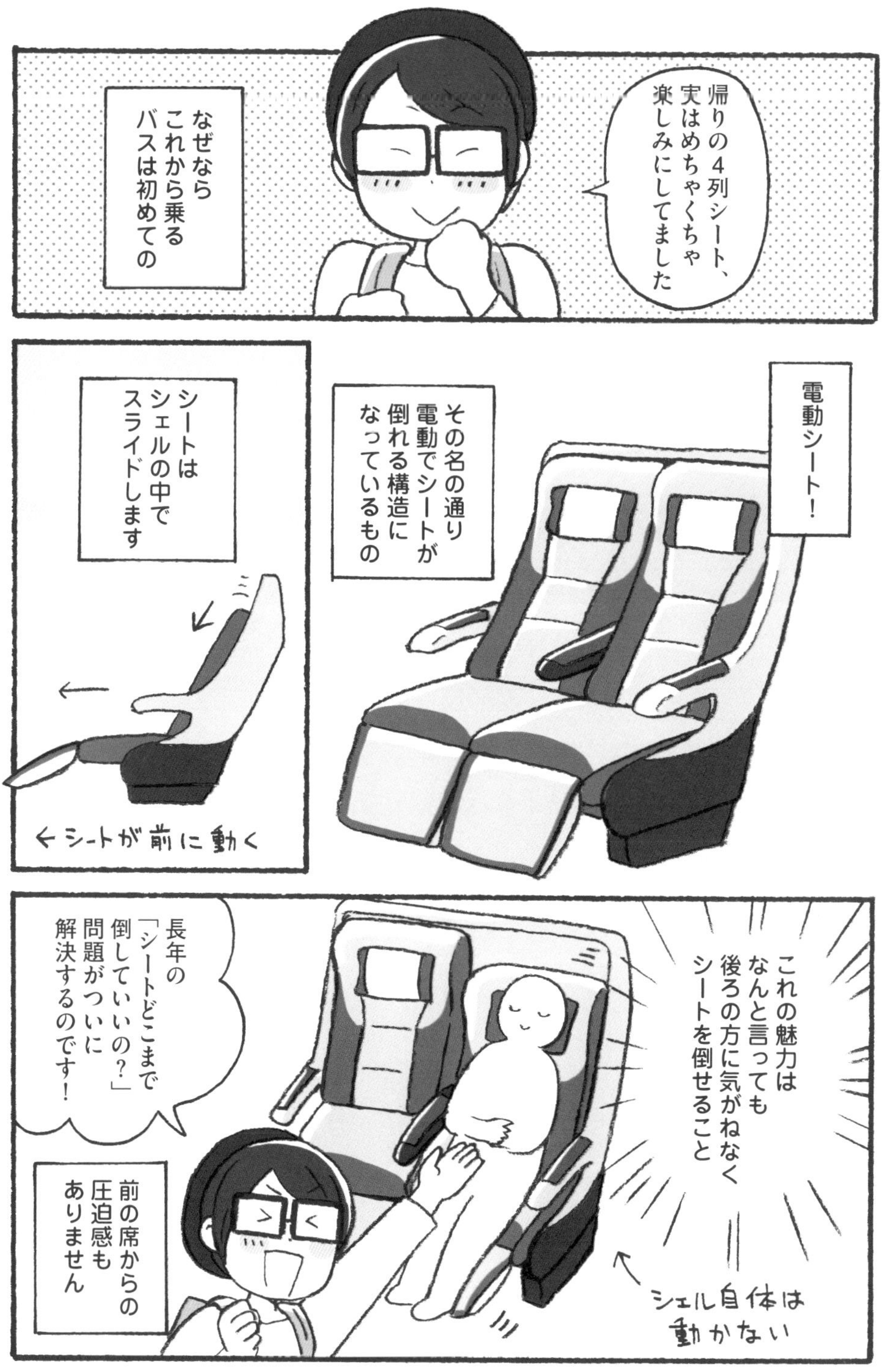

帰りの4列シート、実はめちゃくちゃ楽しみにしてました
なぜならこれから乗るバスは初めての
電動シート！
その名の通り電動でシートが倒れる構造になっているもの
シートはシェルの中でスライドします
←シ-トが前に動く
これの魅力はなんと言っても後ろの方に気がねなくシートを倒せること
長年の「シートどこまで倒していいの？」問題がついに解決するのです！
前の席からの圧迫感もありません
シェル自体は動かない

しかも
今日のバスは
「モニター付き」!
寝ながら
映画を見れる
夢のような
車両です!
MOVIE
ワクワクが
止まらない!!
…けど!
岡山発着で
このバスを
扱っている
所がない…
地方の
運命（さだめ）
……
なので今回は
東京→大阪行きに
乗って、ついでに
関西住みの友達に
会いに行って来ます!
そして
もうひとつ
お楽しみが
今日は
ラウンジ発着に
したのです!
ひひひ
ラウンジとは、
バス会社が
独自に運営する
待合施設のこと
パウダールームや
更衣室があるので
ゆっくり準備が
できる!
Free Wi-Fi
休憩
スペース

バスタなどの大型ターミナルと比べてサービスが充実しているのが特長です
↑2F
バスラウンジ
いつもマップを見ながら行く
あったー！
主要駅から離れている場所にあることが多いので、私のような方向音痴さんは事前に道を調べておくと安心です！
私が利用したラウンジにはシャワールームや更衣室がありました
更衣室で着替えたりゆったり準備できるのが嬉しい！
ラクチンサルエル＋着圧ソックス〜！
漫画や横になれるスペースまでありました
早く来て読んどけばよかった！
読みかけのやつが！
バスの発着前後をゆったり過ごしたい方は、こういったサービスを使ってみるのもオススメです！
お土産を置いている所もあるので、買い忘れがあっても安心！
23時発大阪行きのお客様出発します

さてさて
それではいざ
乗車！
おお！
モニターが
並んでるの、
なんか
メカっぽい！
シェルがゴツくて
狭く見えるけど、
足元ちゃんと
余裕あるな
下の部分が
大きくカーブ
しているので
余裕がある
ボタンを押すと
シートや
フットレストの
角度が調整できます
ウイン
ウイン
ウイン
何コレ
楽しい！
後ろの人に迷惑が
かからないから、
いくらでも
調整できる！

この車両は席と席の間にカーテンが通るようになってるのか
やっぱりカーテンがあるのいいな
途中でお隣の方が乗って来たのですが足元しか見えないので挙動が気になりません
女性かな?
プライバシーが守られるし、これは普通の4列にもぜひ導入してほしい!
見えないって安心する…
そして楽しみにしていたモニター
何が見れるのかな～♪
ワクワク
恐れ入ります
本日、機械の不調のためモニターはご利用できなくなっております
!?

モニターは残念ながらまさかのおあずけに…
まあ今日のメインはシートだし！
しっ…
というわけでシートを全部倒してみました
ウイン ウイン
ウインウイン…
……
え、これ本当に4列シート？めちゃくちゃしっかり倒れる！
何より思う存分シートを倒せるのすっごくラクー!!
車内平和のために世界中のバスをシェル型にしてほしい!!
全てが解決する!!
シェル型最高!!
そんなことを考えているうちに、気がつくと早々に眠ってしまいました

おかげさまでしっかり快眠できました！
おはおはっ
朝っぱらから元気やな
友人と楽しい時間を過ごして帰宅しました
ふー
ただいまー
今回の4列、本当よかったな
人の気配が気になる人や気を遣いすぎる人、身体が大きい人には使いにくいかもだけど
イスの幅が広い車両なら大丈夫かな？
友達とか親しい人となら近くて安心だし楽しそうだったな

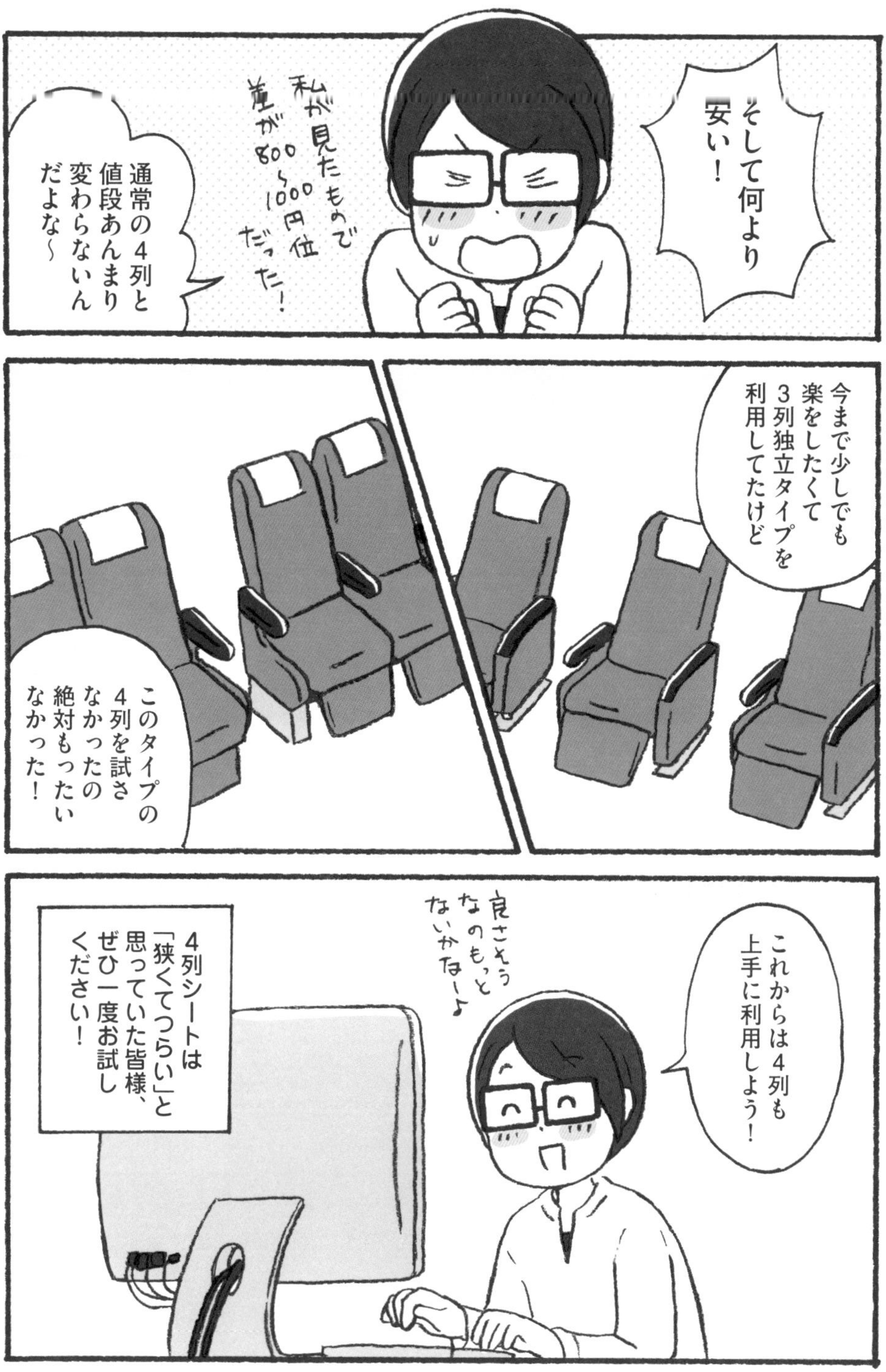
そして何より安い！
私が見たもので差が800～1000円位だった！
通常の4列と値段あんまり変わらないいんだよな～
今まで少しでも楽をしたくて3列独立タイプを利用してたけど
このタイプの4列を試さなかったの絶対もったいなかった！
これからは4列も上手に利用しよう！
良さそうなのもっとないかな～♪
4列シートは「狭くてつらい」と思っていた皆様、ぜひ一度お試しください！

乗車時、最初から
シートのリクライニングが
フルに倒されている
バスもあります。

第2章

さらに快適、3列シート試しました！

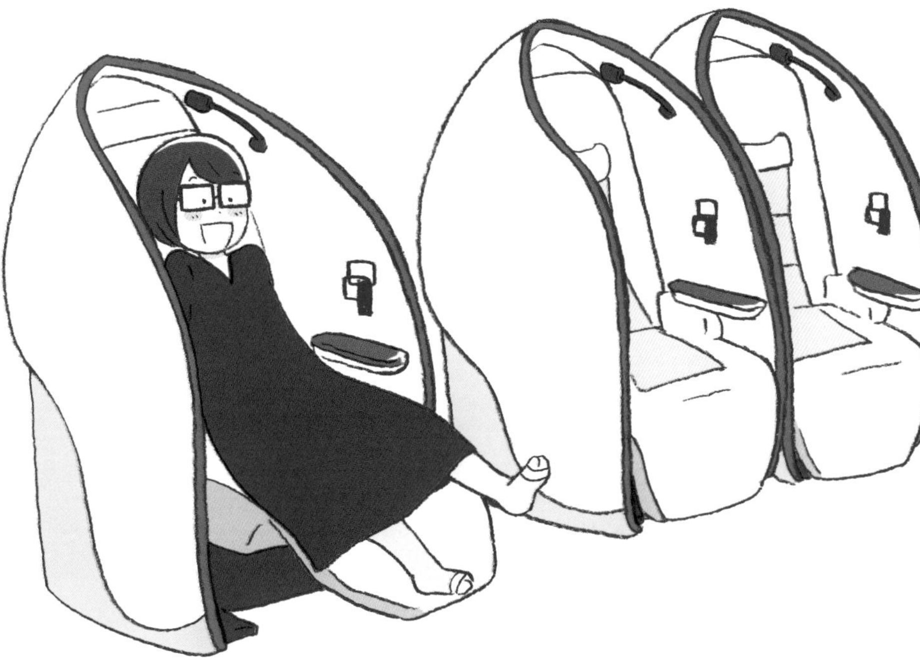

前回 足元が広いタイプの4列シートに乗ってカルチャーショックを受けた私
良かった…
4列でこれだけよくなってるってことは…
はっ
ちょっとお高い3列はどうなってるの?
一番よく利用している3列シート、スタンダードなものはこんな感じ
・独立シート
・しっかり倒れるリクライニング
・カーテンで仕切られたプライベート空間
これで特に不満はなかったんだけど…
ちょっとお値段張るけど、おもしろそうなのいくつかあったんだよね～
というわけで調べてみると
出てくる出てくる!
低反発クッション
シート幅
こだわりのアメニティ
足元の広さ
眠りのための設計
す、すごい

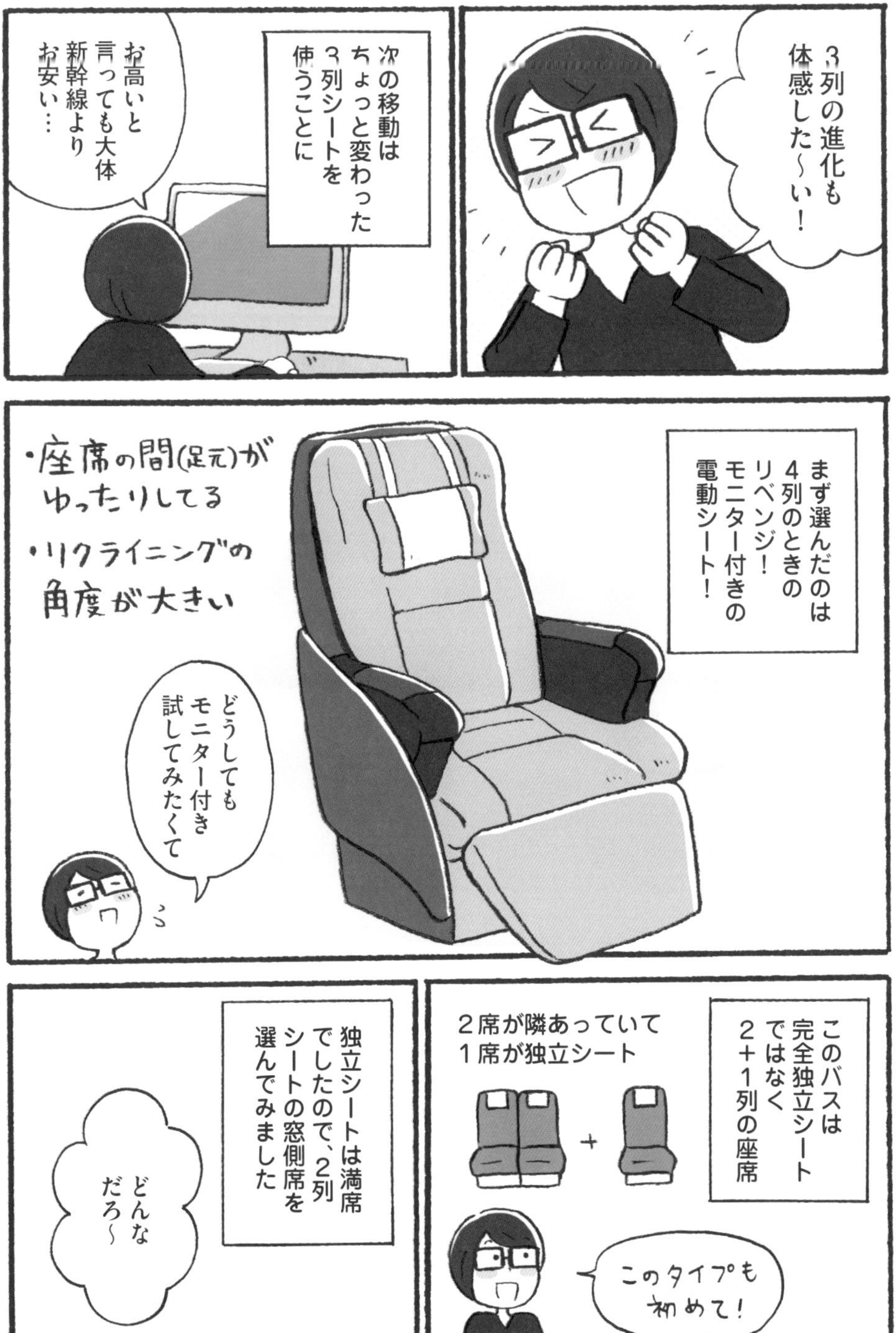
3列の進化も体感した〜い！
次の移動はちょっと変わった3列シートを使うことに
お高いと言っても大体新幹線よりお安い…
まず選んだのは4列のときのリベンジ！モニター付きの電動シート！
・座席の間(足元)がゆったりしてる
・リクライニングの角度が大きい
どうしてもモニター付き試してみたくて
このバスは完全独立シートではなく2＋1列の座席
2席が隣あっていて
1席が独立シート
このタイプも初めて！
独立シートは満席でしたので、2列シートの窓側席を選んでみました
どんなだろ〜

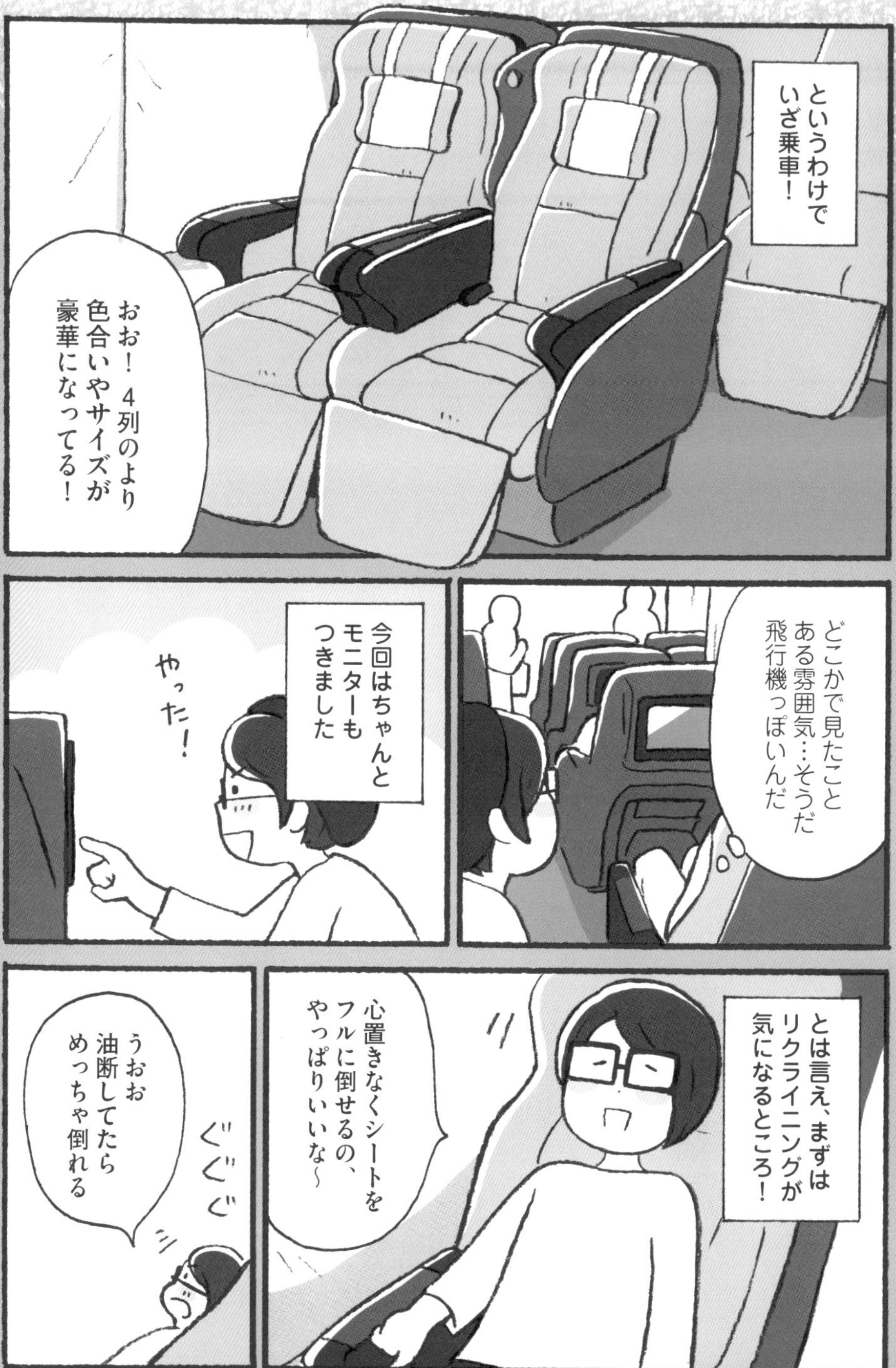
というわけでいざ乗車！
おお！４列のより色合いやサイズが豪華になってる！
どこかで見たことある雰囲気…そうだ飛行機っぽいんだ
今回はちゃんとモニターもつきました
やった！
とは言え、まずはリクライニングが気になるところ！
心置きなくシートをフルに倒せるの、やっぱりいいな～
ぐぐぐ
うおお油断してたらめっちゃ倒れる

わ〜！
すごいしっかり
倒れて楽！
ウィン
ウィン
ウィン
シートも
ふかふかだし
いつものと
全然違う！
消灯
これは
すぐにでも
眠れる予感！
ウトウト…
ハッ
寝ちゃだめだよ
モニター使って
みなきゃ！
タッチ
パネルだ
付属のヘッドホンを
つけて楽しみます
こちらのモニターでは
映画やバラエティ、
オーディオブックや
ゲーム等が
楽しめました
公開中の映画の
シリーズ第1弾が
ある！
これに
しよう
消灯後も
あまり光が
気にならない
ようになってる
…

暗い中で映画を見ていると、小さいころ眠れない夜にこっそりTVをつけて見たときのことを思い出しました
悪いことをしてる気分
なんて浸《ひた》っていたのに、開始30分程で眠気が
あもう無理
ねむい…
結論
モニター付きは夜行より昼の移動時に使いたい
夜行バスで眠れない人はいっそ寝ずに映画観て過ごすと楽しいと思う（体力と要相談）
くやしい
うとうとしてると休憩時間に
パッ
うっ…
お隣さんが出られてから降りよう
シーン…
…あれ？

あ…
どうぞ
スッ
す、すみません
フットレストが高く上がるのでその分少し乗り越えにくく
薄暗いし寝ぼけ気味だしちょっと焦りました
一息に乗り越えられずうっかり転びかけたり…
あ
ぺしょん
無事脱出
申し訳ないお恥ずかしい…
そうか、確か座席の横幅も普通のより広いんだった
通常
今日の
だから余計に乗り越えにくかった模様

2＋1列というのも、ひとつの席が広い分くっつけて通路を確保してるんだな
納得…
同じ値段なら独立席に越したことはないよなあ
早目に予約した方がいいな
などと思いながら早々に眠りにつきました
翌朝
前言撤回
グレードアップすごい
やっぱりシートの寝心地がよくてよく眠れました
お隣に人がいることなど些細な問題だった…
しっかり眠れた上に今回は…

朝にラウンジを利用してみました
ガヤガヤ
次の目的地に向かうまで休憩や準備ができます
ちょっとひと休み
前回同様シャワーや更衣室、パウダールームなど充実の施設です
ネイルのサービスまであるんだ!
NAIL
パウダールームは順番に、時間制で使えるとのこと
申し込んで番号札をもらい
待っている間に洗顔と着替えをすませました
お
ブーブー
15
フードコートでよく見る呼び出しベル

パウダール ム
よし!
準備できたし行くぞ～!
慌ただしくなりがちな旅行中の朝、座って落ち着いてメイクや荷物整理をできるのはやっぱり嬉しいもの
その日の行き先やスケジュールによってターミナルやラウンジを上手に利用していきたいです
ターミナルは駅近、ラウンジは設備が良い
ちなみに専用ラウンジ以外にも、バス会社と提携しているネットカフェやホテルを利用できることもあります
朝の数時間だけ安く利用できたりします
提携してなくてもネカフェは仮眠もできて便利です
ぜひチェックしてみてください
私もたまに利用してます
気になってたパン屋さんでモーニングタイム♡

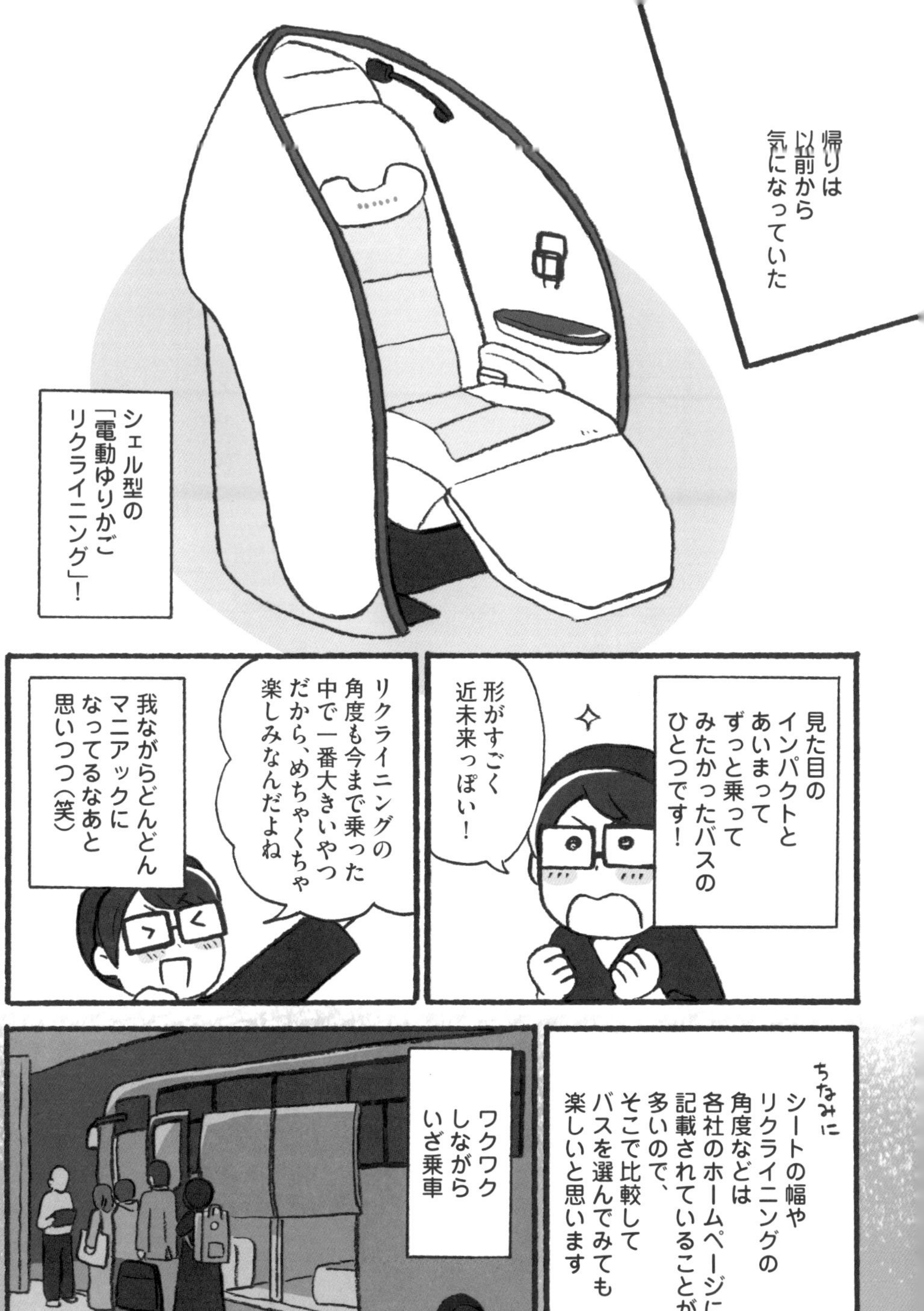
帰りは
以前から
気になっていた
シェル型の
「電動ゆりかご
リクライニング」！
見た目の
インパクトと
あいまって
ずっと乗って
みたかったバスの
ひとつです！
形がすごく
近未来っぽい！
リクライニングの
角度も今まで乗った
中で一番大きいやつ
だから、めちゃくちゃ
楽しみなんだよね
我ながらどんどん
マニアックに
なってるなあと
思いつつ（笑）
ちなみに
シートの幅や
リクライニングの
角度などは
各社のホームページに
記載されていることが
多いので、
そこで比較して
バスを選んでみても
楽しいと思います
ワクワク
しながら
いざ乗車

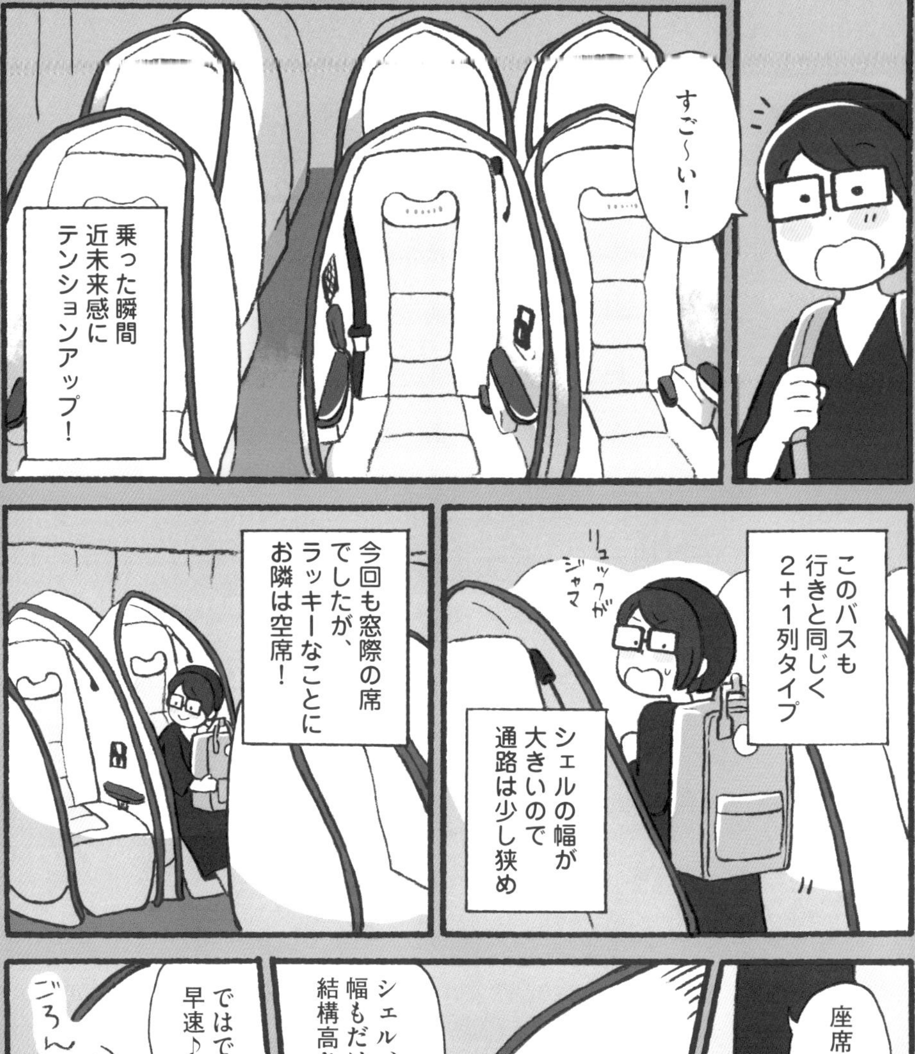
すご〜い！
乗った瞬間
近未来感に
テンションアップ！
このバスも
行きと同じく
２＋１列タイプ
シェルの幅が
大きいので
通路は少し狭め
リュックがジャマ
今回も窓際の席
でしたが、
ラッキーなことに
お隣は空席！
座席ふかふか！
シェル、
幅もだけど
結構高さある！
となりが
見えない
ではでは
早速♪
ごろん

わぁ!
これは、ちょっとした個室っぽい!
え〜っなんかめちゃくちゃ安心する!
こういうベッドあったら人気出そう!
こちらのシートもシェルの中でリクライニングします
ボタンはこれか
うわ〜なにこれ寝心地がいい!
なんか足が少し浮く感じがしてすごく楽だ!
この「電動ゆりかごリクライニング」は座席全体が斜め前にスライドする構造
床面から足が離れてしっかり伸ばせるようになっているため、フラットに近い感覚で寝られました

横に人がいなくて
ラッキー！
って思ったけど、
これはいても
気にならないのでは？
いや待って
むしろ人がいたら
どのくらいの感じか
知りたかった！
しっ…
興奮しすぎて
感情がせわしなく
なりました
この会社、
他にどんな座席の
バスがあったっけ？
消灯前に！
バッ
使用されている
シートの種類は
バス会社によって
本当に様々
あ、これは
乗った
へー、こんなのも、
え、会社見学企画？
応募してみよー
すごい！
次々乗ってみたい
バスが出てくる〜！
他の会社も
見てみよ〜!!
などと調べて
いましたが、
10分もすると
うと
うと…

あまりの快適さに
一瞬で眠りについて
しまいました
翌朝
え…
快眠すぎて
びっくりした
スッキリ
これなら
朝イチから
ジョギングの
ひとつやふたつ
できるのでは？
なんて
思うくらい
しっかり
休めました
バスの進化、
本当すごいなぁ
マンゾク〜！
でもだめだ
行きも帰りも
ひとつだけ
不満がある…

なんで岡山発着がないのー!?
わっ
地方民の叫び
今回乗ったバスは大体都市間移動のものばかり
やっぱり利用者数の問題かな～!!
も――…
快適だからこそ距離のある路線で使いた―――い!
うわっ
ざっぱ―――ん
バス会社にお勧めの方、もしご覧でしたらぜひご検討ください!
感動と嘆きを胸に、今朝乗ってきたバスの専用ターミナルに到着
うわっおしゃれ!
更衣室、パウダールームと設備は一般のバスターミナルに近かったのですが
綺麗で過ごしやすい!

今回利用した所はカフェが併設されていて、支度がすめばゆっくりモーニングが楽しめるのです！
朝早いと開いているお店が少ないので、上手に利用していきたいですね！
いただきまーす
グラノーラヨーグルト
軽目のものがあるの嬉しい♡
しかし行きも帰りも楽しかった〜！
進化したシートはこだわりがすごくて機能は段違いだったし
やっぱり料金はちょっと上がるけどその分贅沢してる感があってよかったな〜！
今朝のバスなんて、「夜行バス苦手」って言ってる人に乗ってみてもらいたい！
そして横で感想聞きたい！
……
ここまできたら値段で尻込みしてたあの超高級タイプに乗ってみたい……！
ゴクリ
夜行バスへの探究心がとまりません…

高速・夜行バスのシートベルトは
2種類あります

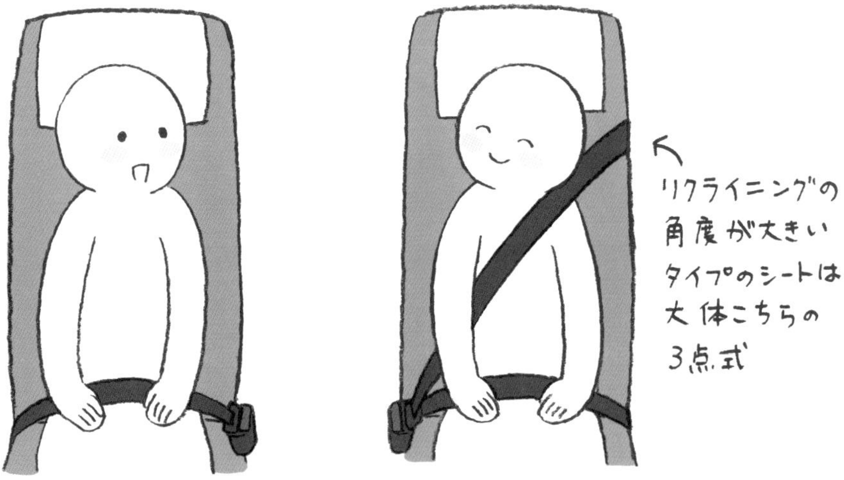
リクライニングの
角度が大きい
タイプのシートは
大体こちらの
3点式

腰部分だけで締める
2点式

肩と腰で締める
3点式

第3章

走るホテル!?
究極の完全個室型バス!

4列・3列シートの進化っぷりを目の当たりにした私
ここまで乗ったらアレに乗りたい
プレミアムタイプ！
前後の座席間もシートの幅も広く、リクライニングの傾斜角度が大きいのでゆったりと座れる高級タイプ！
カーテンだけでなくパーテーションで区切られていたりと、個室に近い感覚で乗れるものが多いのです！
2列のものが主流で、バス1台に対して座席が少なくなる事もあり 料金がぐっと上がります
ずっと乗ってみたかったけど、路線が限られてるのとお値段が張るのとで指をくわえて眺めてました…が…
この機会に乗っちゃいたい！

そして
どうせ乗るなら
一番気になって
いたものがいい
それは…
完全個室型の
夜行バス!
1席ずつ区切られて
個室になった
まさに走るホテル!!
「夜行バス=安い」の
イメージがある中で、
利用者数はどうなん
だろうとおせっかいな
心配をしていましたが
えっ!もう
あと1席しか
残ってない!
1 席
予約!
カチ
カチ
1週間前
……
フフフ
予約しちゃった…
早く
乗りたい!
楽しみー!!

当日
久しぶりにドキドキしてきた
待っている間他の乗客の様子をチラリと見るとビジネスマンや少し年配の方が多かったです
いつも乗るバスと年齢層が違う…
パッ
！
別のお席が空きましたので、よろしければこちらをご利用ください
元々は後ろのタイヤの上の席だったのですが、別の席に案内してくれました
やっぱりタイヤの上って嫌がられるのか…
ほー
後で聞いてみた所、他の席に比べ音や振動が響きやすいとのこと
車酔いする人はタイヤ上を避けると良さそうです！
お客様

こちらでスリッパにおはき替えください
車内土足禁止!?
す、
新しい靴下はいてきててよかった
!
うわあああ!
すごい!本当にホテルみたい!!
うわ~!内装もラグジュアリー!
ひじかけが木製!!

オリジナルデザイン
アメニティすごい!
steam eye mask
earplug
tooth
パジャマまで?
色に統一感がある…!
トイレがウォシュレット!
えっ!トイレと別にパウダールームが!?
えっ…すごい…すごいなコレ…
本当に個室だ…
ひとまずこれ写真を…
コンコン
失礼します
ガラッ
すっ
はい
一瞬で取り繕える大人
お配りしているミネラルウォーター、冷たいものと常温のものからお選びいただけます
どこまで選べるの?
とにかくVIP感がすごいです

またサービスエリアでの休憩は、普通車内アナウンスされるのですが…
お休みの邪魔にならないよう、ご希望の方のお部屋まで直接お声掛けに参ります
あっ
お願いします
徹底してる～!!
一通り騒いだ所で楽しみにしていたリクライニングチェック
ボタンはこれだね
おおお…？
ぐぐぐ
あ、これはフットレストがすごく上がる！
乗ったことないタイプ！
私の経験則ですが膝が上がってお尻が下がるととても楽になります
実は普段バスに乗るときも、足が上がるように工夫しています
太ももの下にエアピローを入れてお尻が落ちるようにしてる

足が上がる分なのか、背もたれはあんまり倒れないんだ
ここまでかー
ちょっと好き嫌いが分かれそうなリクライニングかも
その他机もあったり設備を見るだけで楽しい！
おー
この机 広くて作業しやすそう！個室なら電気をつけていても問題ないし
気兼ねなくパソコンやタブレットが使えるな
なんていうか…動く書斎みたい！
私だけの小さな城
ワクワクする〜！
ようやくひと心地ついた頃
あ
夜景が見える

そうか、個室ならカーテンを開けていても 迷惑にならないんだ
夜の中を進むバス
贅沢な旅をしてるなあ
しみじみと「旅行」をしている感覚を味わいました
このバスに乗る前
いわゆる高級タイプは、「バスは苦手だけどどうしても乗らないといけない」ような人が使うことが多いのかなとぼんやり思っていました
乗り慣れてる人はコスパを考えて避けてるイメージ

でもこれは「いつもと違う体験をしたい人」にこそ乗ってほしい
ちょっと贅沢な気分を楽しむのに合っているんじゃないかなと思いました
なんか本当に、バスすごいな

朝だ
夜明けを見ながら過ごすバスの時間は一等素敵でした
コーヒー飲みたい
大阪駅前でお降りのお客様——
ガラッ

降車
ありがとうございました
ほんとすごかったとしか言えない
思っていた以上にいろんなタイプのバスがあり、それぞれに個性がありました
ほー
今回様々なバスに乗ってみて、「バスに乗ること自体」をもっと楽しめるのだと気がつきました
まだまだいろんなバスがあって
乗れていないバスもたくさんある
きっともっと進化していくだろうしこれからも楽しくバスに乗っていきたいなあ…
ピロンッ
あれ、メールかな
いい感じにしめようと思ってたのに
しまらない

「ピンクのバスの裏側大公開ツアー」へのご参加について
厳選なる抽選の結果、小川かりん様は「当選」となりまし
……
回想
あ、これは乗った
へー、こんなのも。
え、会社見学企画？
応募してみよ～
えええーー!!
バス会社の見学ができる～！
やったーー!!
ぴょーん
次はどうやら別の視点からバスを楽しめそうです

最近見つけた
おススメグッズ
水のいらない
歯みがきシート
TOOTH
シートを指に
巻きつけて
歯の汚れを
除去します！
歯間クリーナーを
合わせて使えば
更に清潔！
フロスやブラシ
災害時にも
便利です

第4章

「バスの裏側」体験イベント参加レポ！

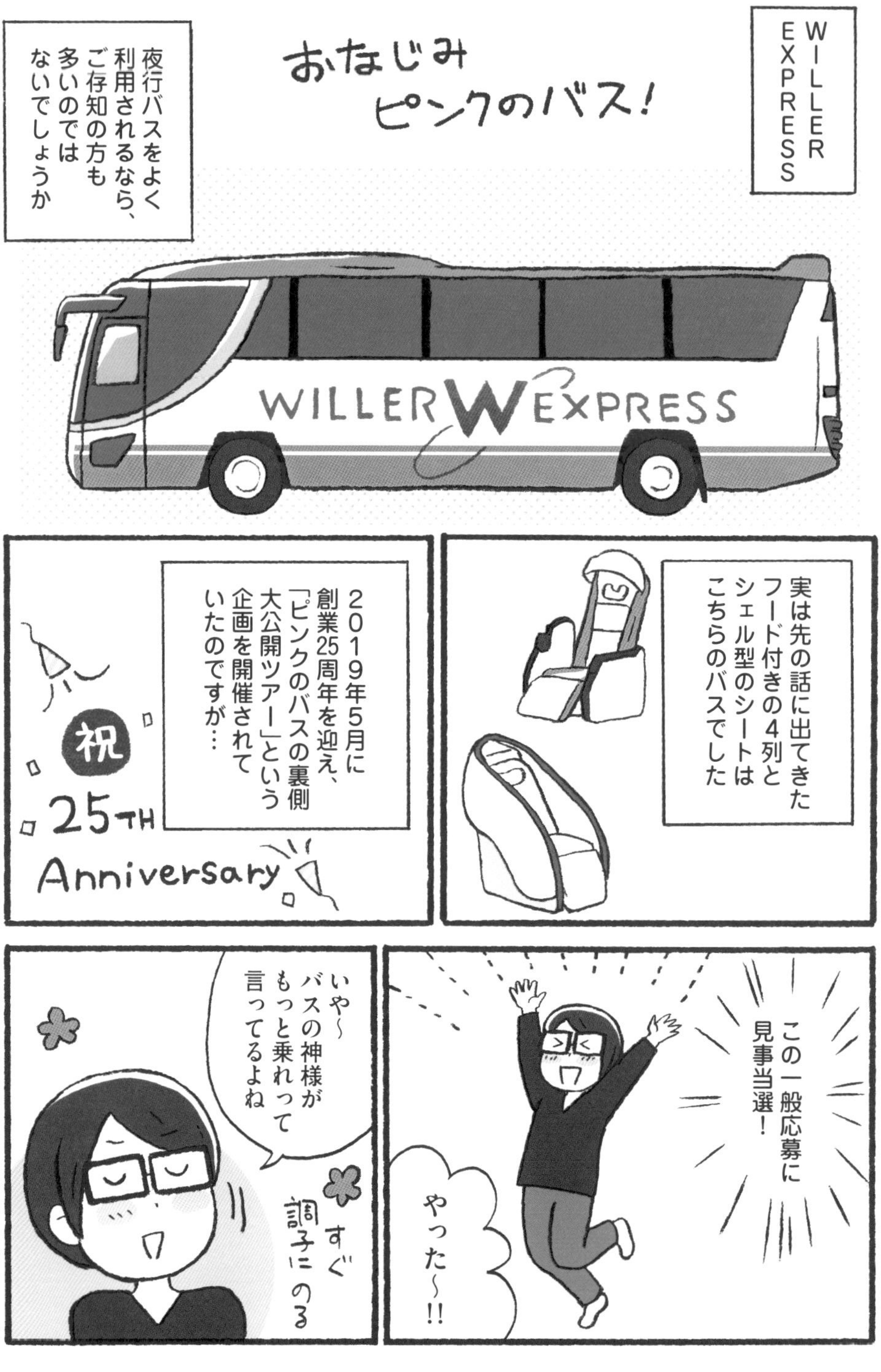
WILLER EXPRESS
おなじみ ピンクのバス!
夜行バスをよく利用されるなら、ご存知の方も多いのではないでしょうか
WILLER W EXPRESS
実は先の話に出てきたフード付きの4列とシェル型のシートはこちらのバスでした
2019年5月に創業25周年を迎え、「ピンクのバスの裏側大公開ツアー」という企画を開催されていたのですが…
祝
25TH
Anniversary
この一般応募に見事当選!
やった〜!!
いや〜バスの神様がもっと乗れって言ってるよね
すぐ調子にのる

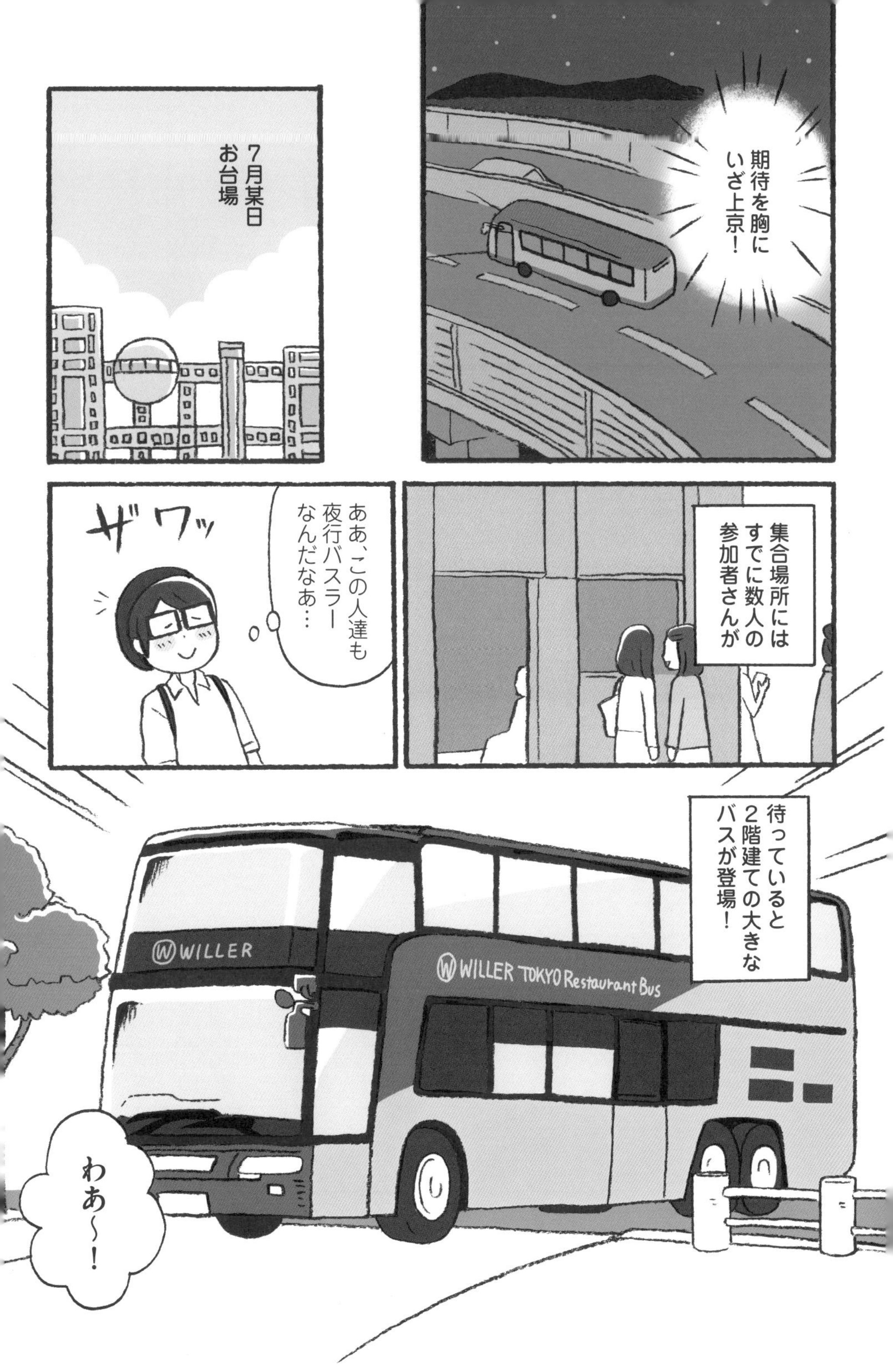

期待を胸に
いざ上京！
7月某日
お台場
集合場所には
すでに数人の
参加者さんが
ザワッ
ああ、この人達も
夜行バスラー
なんだなあ…
待っていると
2階建ての大きな
バスが登場！
WILLER
WILLER TOKYO Restaurant Bus
わあ〜〜！

もうこの時点でテンションアップ！
こんにちはー
2階へ上がるとテーブルが並んでいます
何これ～～！
みなさんこんにちは！今日は楽しんでいってくださいね
WILLERの社員さん
こちらは「レストランバス」といって、景色と食事を同時に楽しめるバス
東京・京都をはじめ全国各地を走っているそうです
「ここにしかない日本を食べよう」がコンセプトです♡

お台場から
本社がある新木場へ
ゆっくりと進みます
いつもより高い目線で
景色を楽しみつつ、
オシャレでおいしい
食事をいただきました！
この日は午前中に雨が
降っていたのですが、
その後は持ちこたえて
くれたおかげで天井が
オープントップに！
気持ちいい〜！
風で飛ばされる
レタスと戦って
いると
ああっ
あ
相席に
なった方
上、すごいですよ
!!

普段は見れない高速道路の裏側が見れました
かっこいい！こういうの大好き！
おお
バスはやはり目立つようで、道行く方々が手を振ってくれました
途中でスタッフさんが席に来てくれて盛り上がるバストーク
いつもどんなバス利用されてますか？
そんなこんなであっという間に時間がたってついに新木場へ
WILLER
右手に見えてきましたよ！

わっ
目の前にはおなじみのピンクのバスがずらり！
WILLE
ワイワイ
専用のガソリンスタンドがある！
バスはそのまま駐車場に…と思いきや四角い枠の方へ
？
それではこのまま洗車体験をしていただきます
いつの間に屋根がしまって…
バシャアア
わーっ
ビシャビシャッ
高速で回るモップ
四角い枠の正体は洗車機でした！

わ〜！
この枠が前後に動く
水のカーテンに囲まれるのはおもしろかったです！
なんかバス自体が動いているみたいに感じますね
ずっと見てると酔いそう
その後 拭き上げ作業もさせてもらいました
↗にタオルをひっかける
あれ？なんか流れるように働いている？
意外と重労働
お疲れ様です！次はバスに乗ってシート体験をしていただきます
たくさん並ぶバスの間を歩くのもなかなか無い体験

弊社一推しの「リボーン」です！
シェル型電動シート！
この間乗ったやつだ！
ワイワイ
やっぱり会社でも一番オススメだったんですね
わいわいと楽しんでいると
せっかくだから車内アナウンス流しましょうよ
え？
その場にいらした乗務員さんへ突然フリが（笑）
え〜
ワクワク
本日はWILLER EXPRESS 6820便をご利用いただきましてありがとうございます
ワッ！本物だー
めちゃくちゃ盛り上がりました
快適なシートで思わずまったり
さあ、寝てしまう前に次に移動しましょうか
ハッ

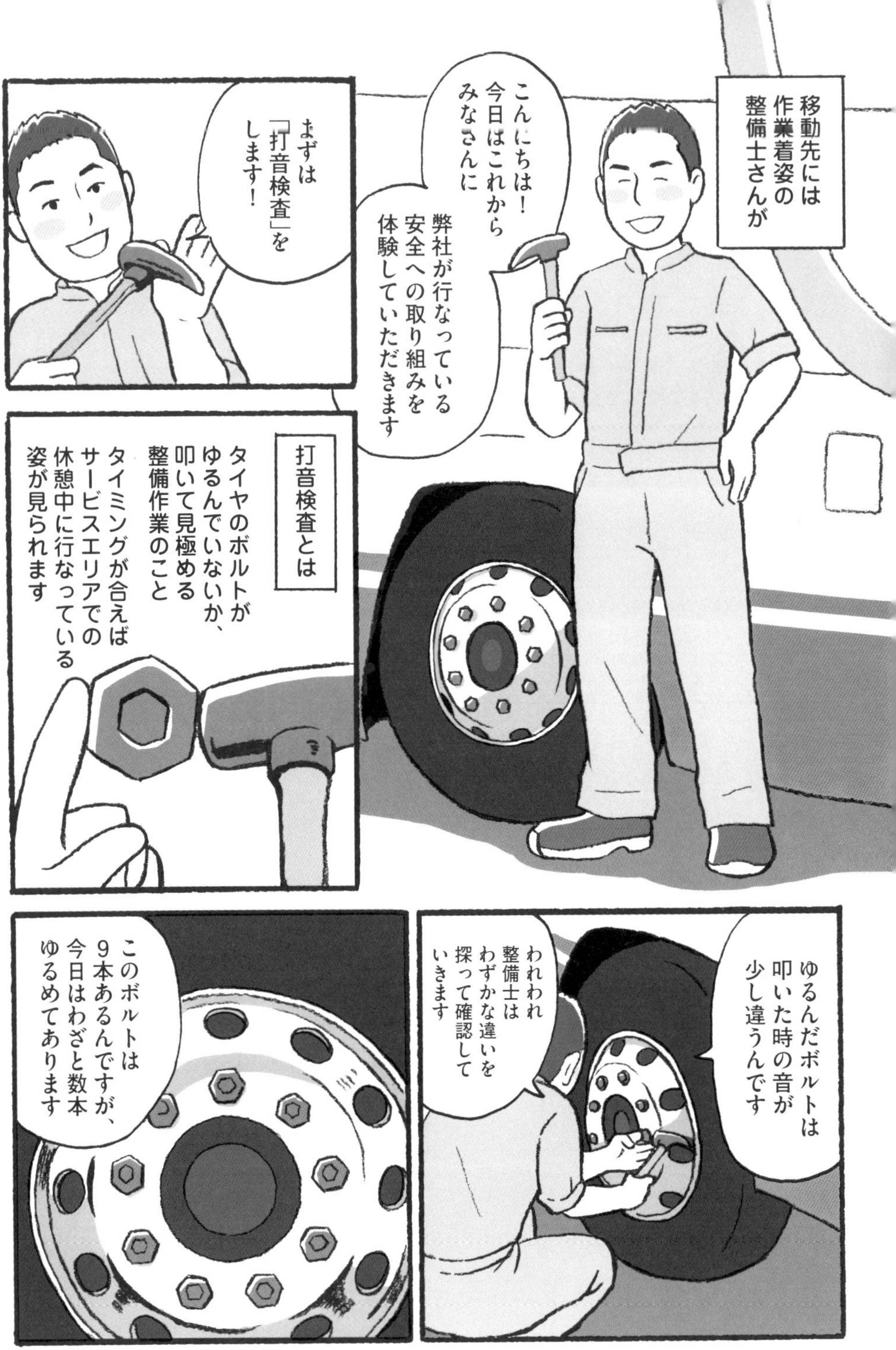
移動先には作業着姿の整備士さんが
こんにちは！今日はこれからみなさんに
弊社が行なっている安全への取り組みを体験していただきます
まずは「打音検査」をします！
打音検査とは
タイヤのボルトがゆるんでいないか、叩いて見極める整備作業のこと
タイミングが合えばサービスエリアでの休憩中に行なっている姿が見られます
ゆるんだボルトは叩いた時の音が少し違うんです
われわれ整備士はわずかな違いを探って確認していきます
このボルトは9本あるんですが、今日はわざと数本ゆるめてあります

ゆるいボルトが何本あるか、叩いて当てていただきます！
はいどうぞ
ここでクイズ大会発生
これがなかなか難しい！
もう一回試していいですか？
わからなくなる
“もう1回”続出！
…本まで出した私が間違えてはいけない気がする
唐突に湧き上がる謎の使命感
メラッ
けど実際やってみると本当に難しい！
？？
え？まってもう一回やっていいですか？
いいですよ～(笑)
……
カンカン
音ではさっぱりわからん
けど叩いた時、なんとなくビリビリとした振動が指に残るものが4本ある…
4本だと思う人～！
さっ

正解は…4本で〜す
正解者おられますか?
お、何人か当たりましたね
一人でこっそりご満悦
どやぁ
でも本当に繊細な作業 たくさん訓練されるんだろうな
実際 サービスエリアなどでは雑音も多いでしょうし難易度が上がると思います
余談
ボルトを叩くのが上手すぎて勧誘されている方も
いいですね!
整備士目指しませんか!
ざわ
続いては避難訓練
今 点検したバスに乗り込みます
さて、みなさんバスの非常口ってどこにあるかご存知ですか?

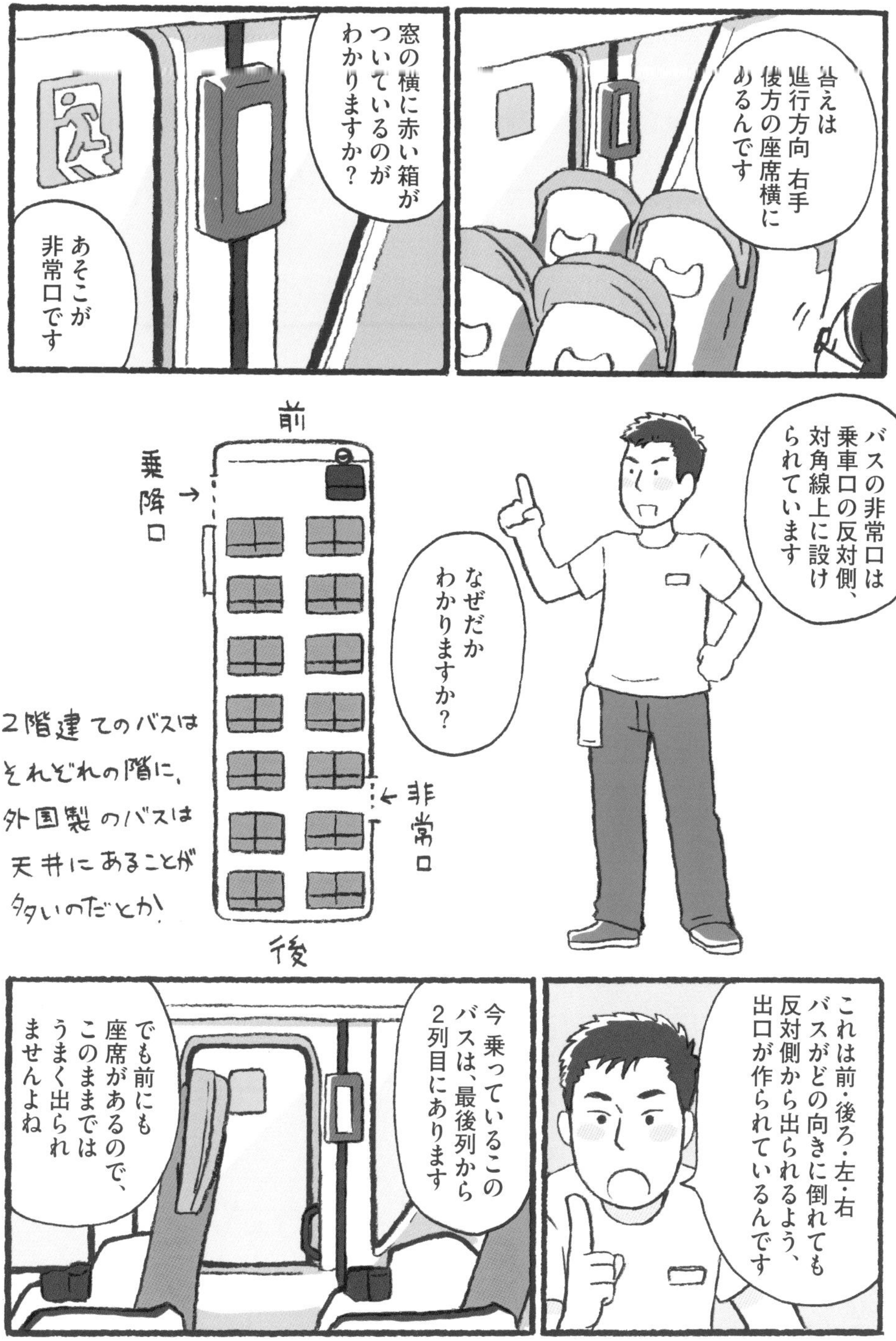
答えは進行方向 右手後方の座席横にあるんです
窓の横に赤い箱がついているのがわかりますか?
あそこが非常口です
バスの非常口は乗車口の反対側、対角線上に設けられています
なぜだかわかりますか?
前
乗降口
非常口
後
2階建てのバスはそれぞれの階に、外国製のバスは天井にあることが多いのだとか!
これは前・後ろ・左・右バスがどの向きに倒れても反対側から出られるよう、出口が作られているんです
今乗っているこのバスは、最後列から2列目にあります
でも前にも座席があるので、このままではうまく出られませんよね

この非常口がある前の席の足元にレバーがついていて、
ここを踏みながら座席を押し上げると前へ倒れて、非常ドアの前が空くんです
よ
ガコン
シートを倒したら赤い箱を外し、中のハンドルを倒してドアを開け脱出します
ガチャ
ちなみにこの赤い箱、開けると警報が鳴るようになっています
ジリリリリリリリリ
というわけで、実際に体験していただきたいと思うのですが
どなたか、ドアを開ける役をしてくださる方いらっしゃいませんか？
は――い！
今年いち元気な立候補ができました
この役 取り合いになる！と思ったんですが、どなたも手を挙げられず
あれ？誰もいない…
ちょっと恥ずかしい…

私達が助かるか
どうかはあなたに
かかっています
え
ガンバリマス！
一回練習して
みましょうか
あ、はい
まずは
前の席にある
ペダルを踏んで
押し上げる！
ぐっ
……？
しーん…
押し上げる！
ぐっぐっ
しーん…
全然
上がらない…
？
ザワザワ
え、そんなに？
大丈夫ですか？
びくともしない
座席に周りから
心配されつつ…

下から
がしっ
思いっきり
ぐっ
押し上げる!!
ガッコン
よかった、持ち上がりましたね
ふー
これ本当の事故だったら私 みんなを道連れにしてましたね
では一旦 席を戻して本番を始めたいと思います
ザワッ
リアル感を出すために、本物の煙を発生させます
※人体には害のないものだそうです

煙で視界が悪くなると、訓練だとわかっていても不安になります
ピッ
ではそろそろ、避難をお願いします！
はい！
おさらい
足元のレバーを踏みながら座席を押し上げる
赤い箱を開けてハンドルを倒す
ジリリリリリリリ
開いた！
非常ドアを開けて脱出
バタン
練習のおかげで今度はスムーズにいけました！
よし！そこから出てください！
さっ
はい！
!
あ

思ったより
地面が遠い
もしこれが
真夜中
眠っている時に
起こったら
満席だったら
寝ぼけていたら
そんな中で
避難しなければ
いけなくなって
しまったら
ゾッ
いつ起こっても
おかしくないことを
初めてリアルに
想像して
ドキドキしました
脱出は
滞りなく進み
皆さん全員
無事脱出
できました！
パチ パチ パチ
今日のこの体験が一生
活かされないことを
密かに祈りました

今みなさんが
降りられたこの
階段、元々バスに
付属しているもの
ではないんですよ
一般的な
緊急用のはしごは
これだけなんです
ザワッ
え！
棒1本？
これだと地面から
1メートルくらい
離れるので、怖くて
降りられない方も
いると思います
少しでも安全に
降りられるよう、
弊社では独自に
避難用のはしごを
車載しています
そういえば別の
会社のバスでも
最後尾の席の裏に
はしごがあったな
色々考えて
くださってるんだと
実感しました！
避難訓練が
終わったら
バスの前で
記念撮影！
制服と帽子を
貸してもらえた上に
バスの行き先表示を
好きな所に変えて
いただけるという
サービス付き！
岡山
OKAYAMA

最後は社員食堂へ移動してクイズ大会
キレイでおしゃれ
3〜4人が1チームになってクイズに挑みます
シンキングターTム!
ノリの良いスタッフさん
マニアックな問題が出てきたりしましたが
わかります!
私10年以上利用してるんで
参加者さんも負けてない!バンバン答えていきます
結果、私たちのチームは2位だったのですが
2位チームの賞品はこちらです!
WILLER 25TH ANNIVER
25
LER
COFFEE
25
一位はなんと乗車割引券!
すご〜い
無料のご招待だったのに豪華なお土産までいただいてしまいました
いつも見ていたTwitterの中の人にお会いできたり
中の人は顔出しNG!
いろんな体験や見学ができて大満足のうちに終了しました

ありがとうございました！
楽しかった～！
は～
帰宅
バスがおもしろければ会社もおもしろい！
もっと色々知りたくなっちゃった
他のバス会社さんもこういうイベントやってくれないかな！
♪ 探してみよう
ピロン
ん？
あ、担当さんから連絡だ
お疲れ様です！
WILLERさんに取材を申し込んでいたのですがOKのお返事をいただきました
……
えー!!
次はドキドキ！WILLERさん取材編です！

女性の方向け

おススメグッズ

ショーツタイプナプキン

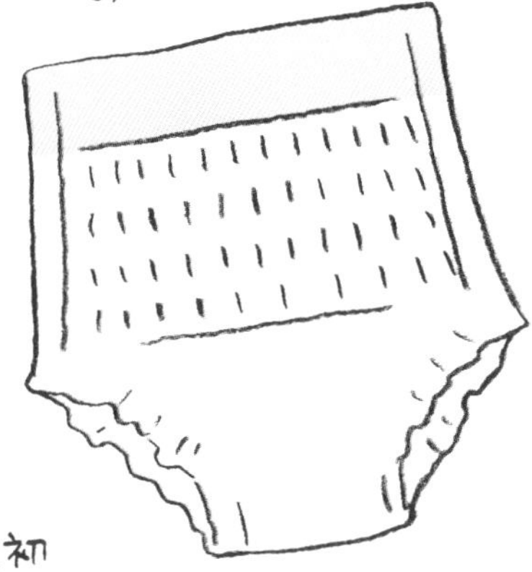

最初
おむつっぽさに
若干の抵抗感が
ありましたが…すぐに慣れました！

旅行、バス泊中に
便利な生理用品。
ナプキンとショーツが
ひとつになったもので、
全方位モレを防いで
くれます。

夜間移動時の心配事を
少しでも減らして、楽しく
過ごせますように！

第5章

バス会社さんに潜入！
サービス最前線

WILLER
というわけで
やってきました
WILLER
EXPRESS本社
「新木場BASE」
WILLER
こんにちは
今日はどうぞ
よろしくお願い
します
清家さん
岡山からは
夜行バス
ですか?
ガチャ
もちろん!
お忙しい中
快く取材に
応じてくださいました
鈴木さん
成島さん
よろしく
お願いします

では早速！まずは御社について教えていただけますか？
はい
弊社は「株式会社西日本ツアーズ」として94年に創業しました
へー最初は名前が違ったんですね
そうなんです2006年にWILLERとして高速バス事業をスタートしました
今ではおなじみの「ピンクのバス」もこの年に登場したんですよ
WILLER EXPRESS
ピンクのバス目立ちますよねサービスエリアでよく見かけます！
ありがとうございます
今日も並んでるな～
年間でどれくらいの方が利用されているんですか？
そうですね

2019年で329万人を超えていまして
そのうち女性のお客様が約7割を占めています
男性 31%
女性 69%
えっ！女性がそんなに？
※2019年調べ
なんだかんだ男性利用者の方が多いのかと思ってました
確かに以前は男性が多かったのですが、ここ10年で変わってきました
もちろん以前から女性のお客様もいらしたのですが
昔はバスのイメージがあまりよくなくて…
暗くてせまい
固いシート
くさい
「ガマンして利用する」という方が多かったんです
節約したいから仕方ない

この女性達が〝乗りたい〟と思えるバスを作ったら市場があるのでは？
2007年 初のオリジナルシート開発
そういう思いから独自のシート開発が始まったんです
シートって自社で開発されているんですか？
なんかこう、バスを造ってる会社がいろいろ提案してるのかと
新しいバスのカタログです！
New!
弊社では一から企画開発してるんですよ
もちろんバスの車体は購入しているんですが
車体
中のシートは取り外しができるんです
私たちは、まず「移動手段に人が合わせる」というのを変えたかったんです

お客様が望まれることや移動の目的に合わせて
快適に感じるものを作っていきたい
そうした思いでバスの運行ダイヤやシート開発に力を入れているんです
バスを利用するシーンも本当に様々で、今は帰省や就職活動だけでなく
旅行やライブ、イベントなど色々な目的で活用されています
バーン
して!
おみやげ
私もライブのときよく利用してます
ということはやっぱり若い方の利用が多いんですか?
そうですね、やっぱり10代20代の方は多いですね
50代 8%
60代以上 2%
19歳以下 19%
40代 12%
30代 12%
20代 47%
え、私思った以上に少数派だった!
← 30代
あ、でも60代以上の方もいらっしゃるんですね
60代以上 2%
少数だけど

この間、バスで岡山から大阪へ行ったんですけどお隣が80代のおばあさまで
娘さんの所へ向かってらしたそう
おお！お元気ですね！
3時間ずっとおしゃべりしてました
バスは駅まで行かずにすんで複雑な乗り換えがないから楽なのよ
っておっしゃってました
確かに、バスは目的地まで直接行けますからね
未成年の方を送り出される親御さんにも、ご安心いただけているようです！
卒業旅行などにぴったり
あ〜！テーマパーク直行便とか多いですもんね！
同じ理由で、海外旅行客の方の利用も多いって聞いたんですけど
そうですね、年々増えています

2019年度で約17万人 178ヵ国の方にご利用いただいています
東南アジアの方が多いです(2019年調べ)
そんなにですか!
空港からの移動だけでなく?
都市間移動のために利用される方も多いんですよ!
「JAPAN BUS PASS」というのはご存知ですか?
え? ジャパ…なんですって?
期間内に何度でも高速バスをご利用いただけるチケットで…
JAPAN BUS PASS
Unlimited rides in Japan with our highway buses!
3-days pass
3days
5days
7days
えー!
日本全国の主要都市間を周遊できるんです
めちゃくちゃいいじゃないですか!
せっかく日本へ来たのなら色々見たいですもんね
夜行バスならホテル代わりにもなりますしね
!!

それ私も使いたいんですけど、おいくらなんですか？
ずいっ
あー
残念ながら日本国籍の方は買えないんです
め〜
やっぱり〜
いいないいな〜！日本人向けでそういうのはないんですか!?
ん〜…乗り放題は難しいんですが…
「お得に」ということでしたら、ポイントやキャンペーンなどもありますね
タイムセール
最安値チェック
プレミア会員
なるほどそういうのなら私もよく回数券とかを利用してます
御社では回数券ってありましたっけ？
現在は取り扱ってないですね

弊社でお得に乗車する方法は色々ありまして
たとえばポイント制
たまったポイントで乗車賃の割引ができます
P
学生割や往復割、予約順割なども
来月の予約
そのあたり、いろんなバス会社さんが対応してくれてありがたいです!
週替わりのタイムセールやキャンペーン
季節限定セール、それに…
SALE
Campaign
ほー
メルマガやLINE限定のセールもあるんですよ
え!LINEもあるんですか
LINE
はい、ご利用くださるお客様一人ひとりに合ったサービスをご提供できるように努めています!

回数券やスタンプは活用されないんですか？
そうですね
STAMP CARD
回数券
紙だとお客様の保管が大変というのもありますが
汚す
紛失
やぶれる
TICKET
TICKET
TICKET
あー
紙もの、趣があって好きですが確かに…
乗務員への負担を減らすという目的もあるんです
え
スタンプを押したり確認したりなどの時間を減らして、安全運行に集中できるようにさせていただいているんです
STAMP
なるほど
無用なトラブルも避けられますね
紛失した分のスタンプを押してほしいとか押した押してないとか
トラブってるの見たことあるな
そして出発が遅れる…
RANK UP
あとは有料会員などのランクに応じてサービスが増えるものもございます

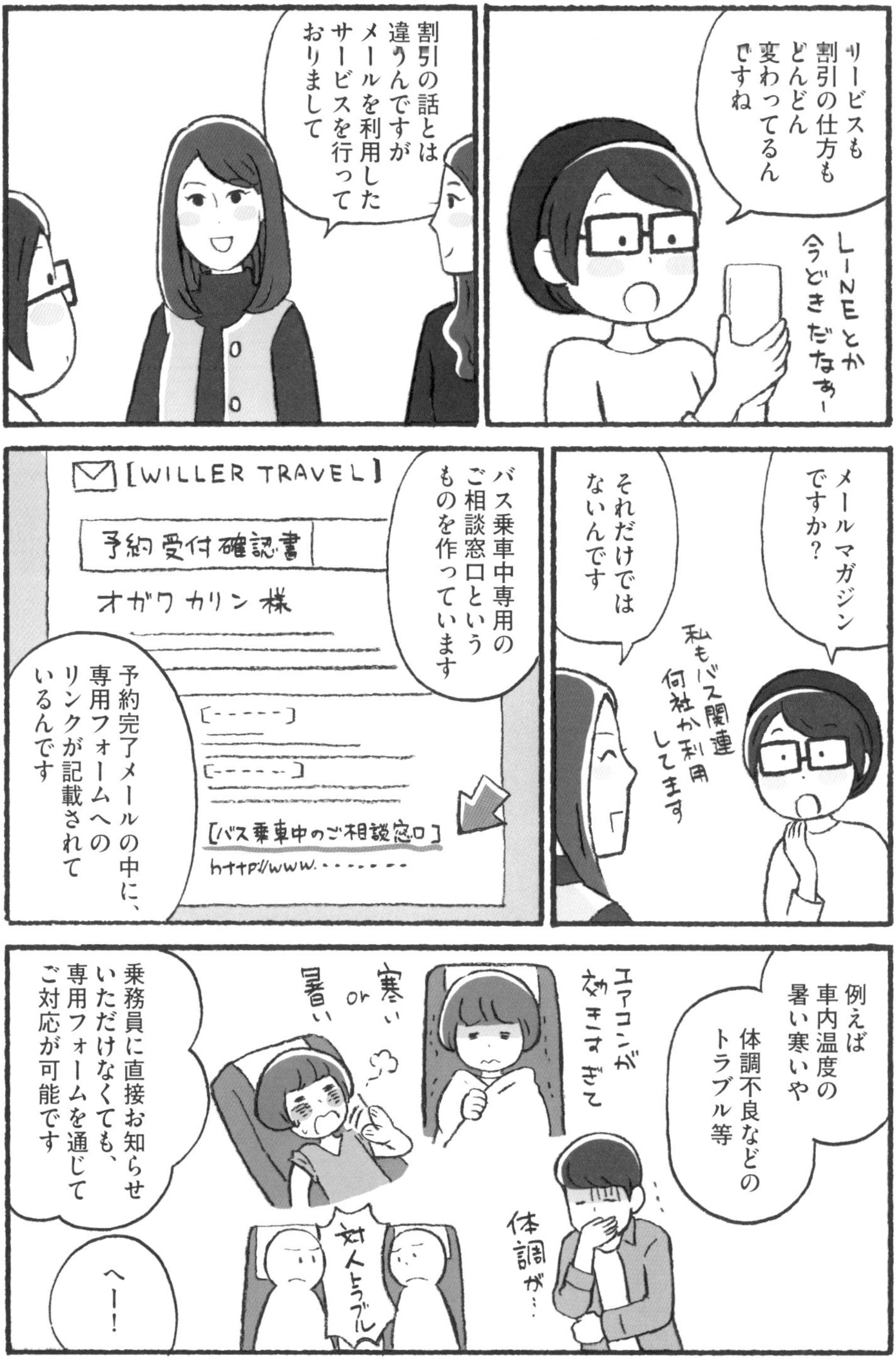
サービスも割引の仕方もどんどん変わってるんですね
LINEとか今どきだなぁ〜
割引の話とは違うんですがメールを利用したサービスを行っておりまして
メールマガジンですか？
私もバス関連何社か利用してます
それだけではないんです
バス乗車中専用のご相談窓口というものを作っています
[WILLER TRAVEL]
予約受付確認書
オガワカリン 様
[バス乗車中のご相談窓口]
http://www.-------
予約完了メールの中に、専用フォームへのリンクが記載されているんです
例えば車内温度の暑い寒いや体調不良などのトラブル等
エアコンが効きすぎて
寒い or 暑い
体調が…
対人トラブル
乗務員に直接お知らせいただけなくても、専用フォームを通じてご対応が可能です
へー！

窓口に届いたご要望は、無線を通して乗務員へ迅速にお伝えします
お腹が痛くて苦しいです
Help!!
車内に体調を崩されたお客様がいらっしゃいます
了解です 次のサービスエリアに停まります
正直「お気軽に」と言われても声をかけにくいことが多いので、これは嬉しいですね！
べんリ〜
長く利用しているのに全然知らなかったです…
お恥ずかしい
それは
こちらの周知が足りず…申し訳ありません
しゅん…
ああ！すみません！
むしろ私が慣れすぎて詳細を見なくなってたからだと思います
身に覚えが
♪〜
よし予約完了！終了！
予約を受け付けました
NOスクロール

あれ？ということはもしかして私これまでも色々と見逃して損してたのでは？
他社さんを利用する時もしっかりチェックしようと思いました
ハッ
気づいてしまった…！
いやーなんというか本当マーケティングがすごいですね！
ありがとうございます
最初にも少しお話しましたが
私達はお客様の声から生み出しているんです
例えばこのフード付シート「リラックス」
この間乗ったやつだ！
♪
これは「寝顔を見られたくない」という女性達の声から開発されました

料金が上がってもいいからプライベートなスペースがほしいというご要望を受けて
個室に近い空間を作れる独立シートを作ったり
可能な限りお応えしていくようにしていきます
コの字型にひけるカーテンも!
すごいですね
ほわっ…
きっとこれまでもいろんなバス会社の方々が試行錯誤しながら
問題解決
○×会議
サービス改善
新型シート!
いろんなシートやサービスを生み出してくれてきたんだろうな
そのおかげで今こんなにも進化したバスに乗れるようになったんだ
ありがたや
次は実際にバスをご覧に入れながらご案内させていただきますね
見学!!
よろしくお願いします!

高速・夜行バスで
よくある忘れ物も
教えて頂きました
スマホ以外全部
忘れた経験有…
充電器・
モバイルバッテリー
忘れ物
No.1
イヤホン
お土産
OMIYAGE
携帯・スマホ
その他
小物
ぼうしや
マフラー等…
お気をつけください!

第6章

夢実現！乗務員さんの車内仮眠室に潜入

ここから
バスの駐車場へ
移動
私達はここで
失礼します!
何回見ても
圧巻…
先ほどお話ししました
とおり、弊社では
ひとつひとつ
ターゲットを考えた
シート開発をして
おりまして
まずは中でも
眠りのために
開発されたシート
「リボーン」です
こちらは高速バスの
「疲れる」という
イメージを一掃し、
「眠り」のための
最適な環境が
備わったシートと
して開発しました

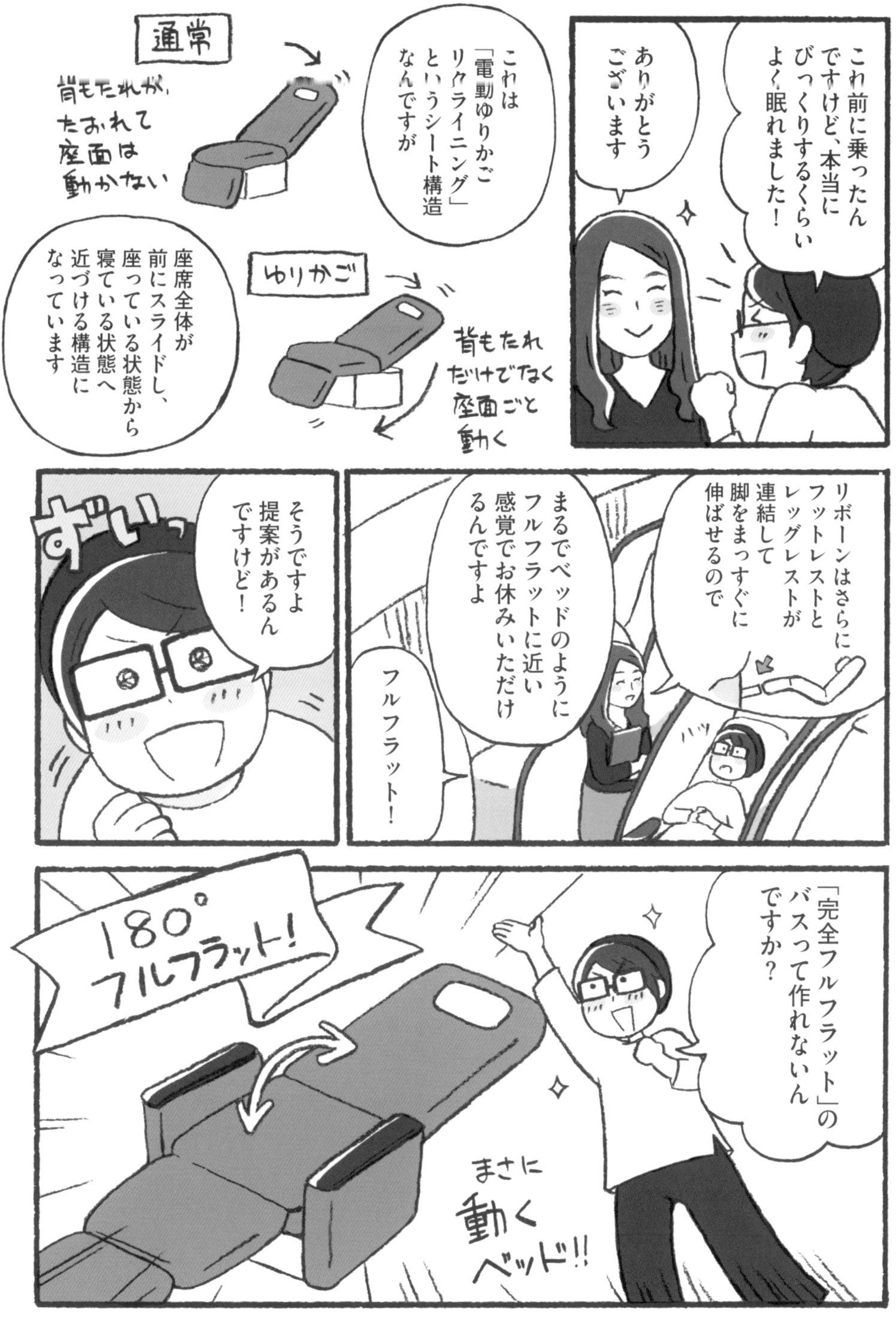

これ前に乗ったんですけど、本当にびっくりするくらいよく眠れました！
ありがとうございます
これは「電動ゆりかごリクライニング」というシート構造なんですが
通常
背もたれが、たおれて座面は動かない
ゆりかご
背もたれだけでなく座面ごと動く
座席全体が前にスライドし、座っている状態から寝ている状態へ近づける構造になっています
リボーンはさらにフットレストとレッグレストが連結して脚をまっすぐに伸ばせるので
まるでベッドのようにフルフラットに近い感覚でお休みいただけるんですよ
フルフラット！
ずいっ
そうですよ提案があるんですけど！
「完全フルフラット」のバスって作れないいんですか？
180°フルフラット！
まさに動くベッド!!

いっつも考えていたんですけどね
こういうの
カプセルホテルみたいに2段になってたら、人もたくさん乗れると思うんですよ!
あ、あの
完全なフルフラットは法律上できないいんです…
えー!
実は高速バスに関する法律が2013年あたりから色々厳しくなってまして
以前は法律が異なっていた「高速乗合バス」と「高速ツアーバス」が一本化して、今は「新高速乗合バス」になったんですが
高速乗合バス
路線バスの一種。
道路運送法に基づき
路線バス会社が
企画・販売・運行。
高速ツアーバス
旅行商品の一種。
旅行業法に基づき
旅行会社が企画・実施し、
貸切バス会社が運行。
…?
あの、もう一回…
何と何て言いました?
あ、ややこしいですよね
高速乗合バス
高速ツアーバス
一本化
新高速乗合バス
この「新高速乗合バス」へ移行したことで安全面での基準やマーケティングを取り入れた販売など、それぞれの良いところが融合したんです

…そういえば昔高速バスの事故が頻発した時期がありましたよね
はい
その頃のイメージが強く残っていて夜行バス＝危ないと思われていることも少なくありません
私も時々「バスって危なくない？」て聞かれます…
今は業界全体「安全＋安心」への意識を高めて取り組んでいます！
もちろん弊社でも対策を常に考えてますよ！
安全面を考えた上でフルフラットは実現できないんですね
そうなんです
法律が変わってから他にも変わったものとかあるんですか？
そうですね
たとえば、以前はシートモニター付きのバスを運行していたんですけど
MOVIE
VERIETY SHOW
BOOK
GAME
映画とか見られるやつですね

今後新しく製造ができなくなったんです
現在あるもののみ!
え
この前乗ったばっかりなんですけど
あ、運行自体は大丈夫なんですよ
弊社が扱っていた車体は老朽化のため惜しまれつつ引退しました
法律の変化で乗れなくなるということもあるんですね!
考えたこともなかった…
今度日中に利用して映画を楽しもうと思ってたんです
早くしないと!
移動時間に映画を見れたらいいですよね
映画ざんまい!
というわけで私どもバス専用のアプリを開発いたしました
アプリ?

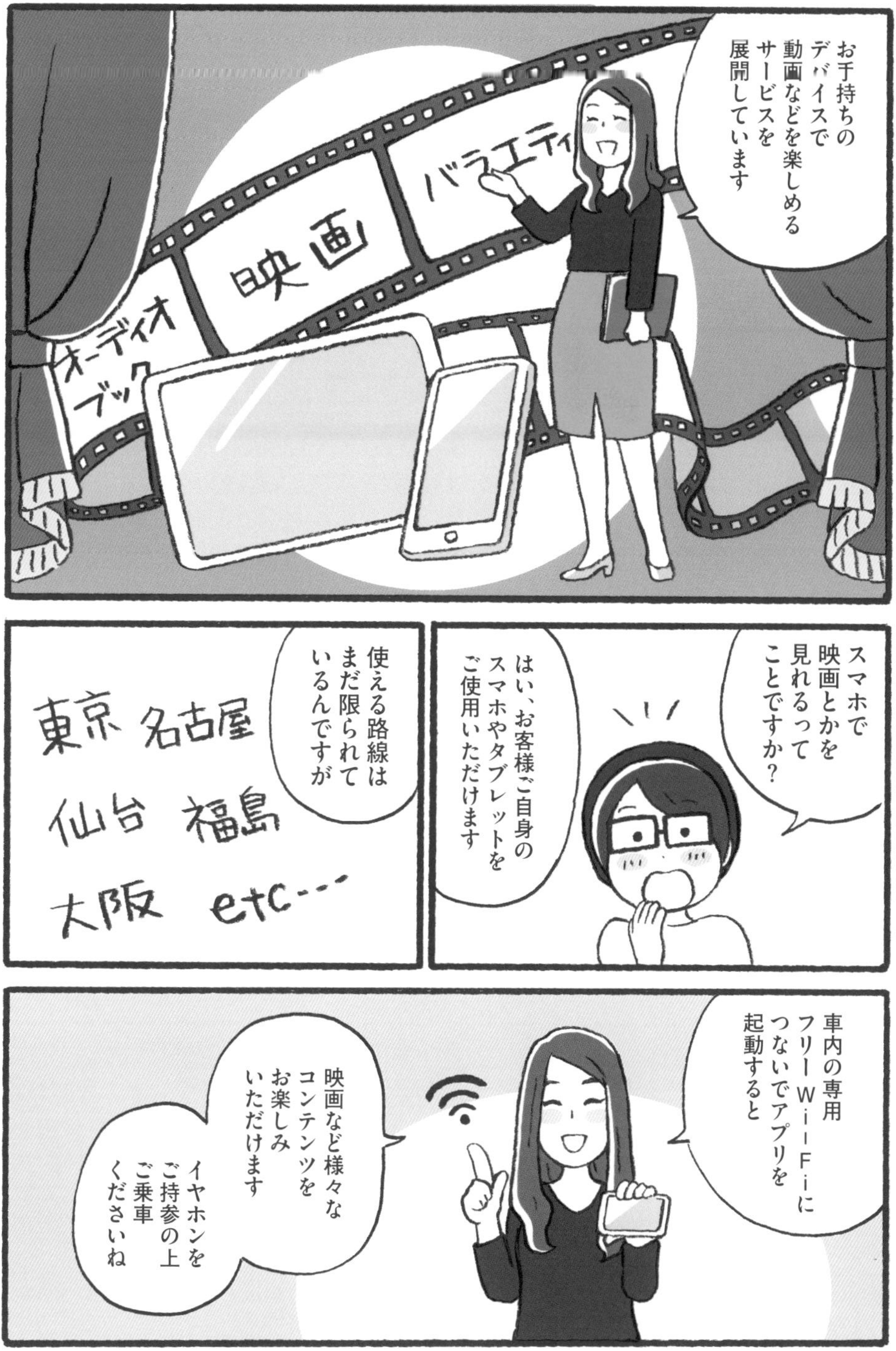
お手持ちのデバイスで動画などを楽しめるサービスを展開しています
バラエティ
映画
オーディオブック
スマホで映画とかを見れるってことですか?
はい、お客様ご自身のスマホやタブレットをご使用いただけます
使える路線はまだ限られているんですが
東京 名古屋
仙台 福島
大阪 etc…
車内の専用フリーWi-Fiにつないでアプリを起動すると
映画など様々なコンテンツをお楽しみいただけます
イヤホンをご持参の上ご乗車くださいね

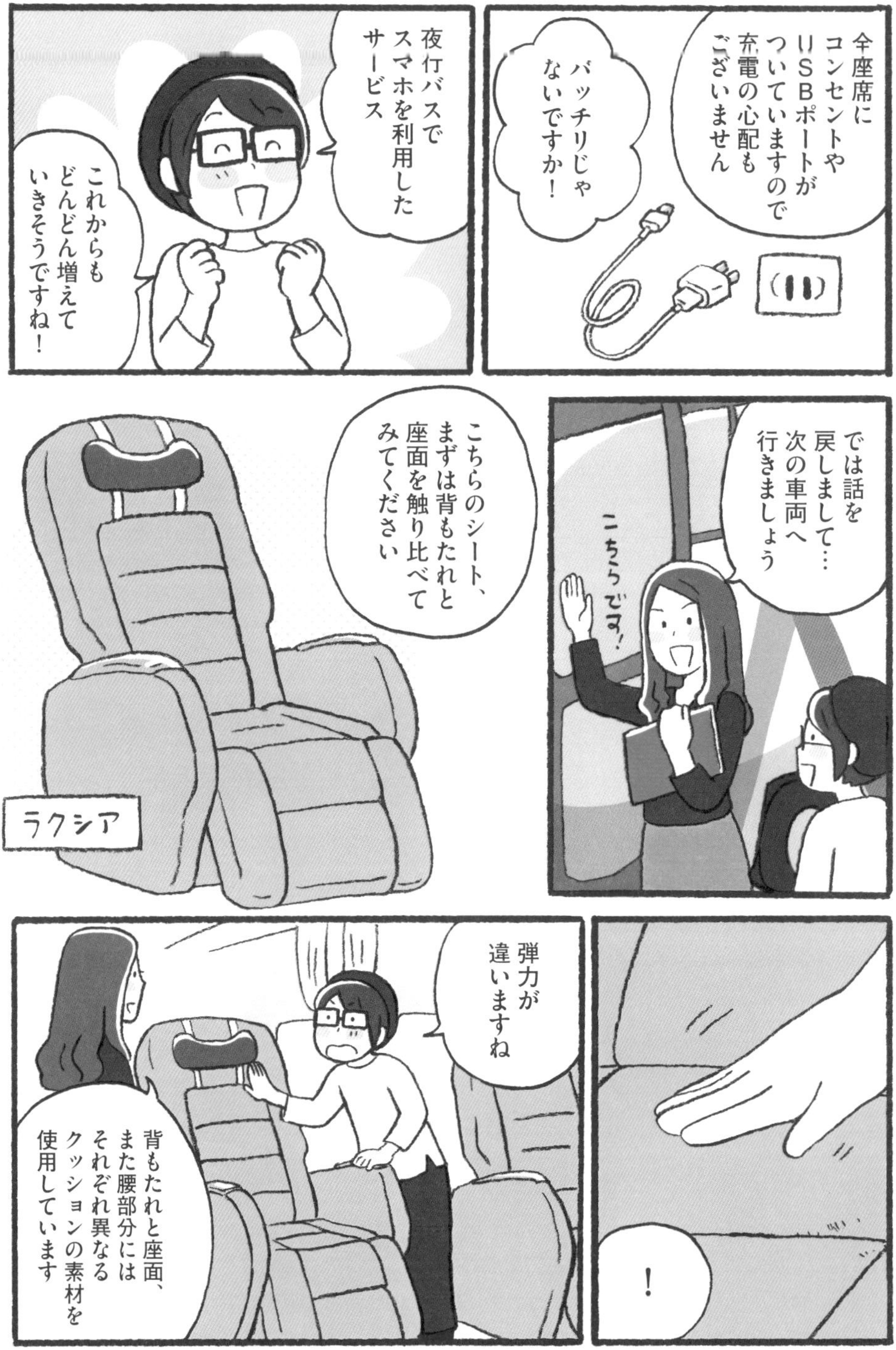

全座席に
コンセントや
ＵＳＢポートが
ついていますので
充電の心配も
ございません
バッチリじゃ
ないですか！
夜行バスで
スマホを利用した
サービス
これからも
どんどん増えて
いきそうですね！
では話を
戻しまして…
次の車両へ
行きましょう
こちらです！
こちらのシート、
まずは背もたれと
座面を触り比べて
みてください
ラクシア
！
弾力が
違いますね
背もたれと座面、
また腰部分には
それぞれ異なる
クッションの素材を
使用しています

たとえば
腰に当たる
この部分
柔らかすぎると
逆に疲れて
しまうため
固めに作って
います
こちらも
電動ゆりかご
リクライニングに
なっています
これも
すごい楽だ…
ハッ
がばっ
私、試乗させて
もらえたら
絶対に試して
みたいことが
あったんです！
さっ
ささっ
しーん…
え？
えーっと…
あの、
何を…
ハッ
すみません

「シートの背もたれどこまで倒していいのか問題」が気になって
ああ!
シート、できれば全部倒したいんですけど、いつも後ろの方が気になって
この位?いやもう少し…
実際に全部倒した席の後ろに座って確かめてみたかったんです!
これ、全然問題ないですね!
確かに気になるところですよね
背もたれ問題何かいい対策とかありませんかね
バス会社の秘策的な…
もちろん倒しても問題ないよう設計されていますが…
後ろの方の状況などにもよるので、様子を見ながら倒していただくのが一番よいかと思います
それしかないですよね
ムチャブリすみません

そう思うと シェル型は やっぱり画期的 だったな
うーん
電動じゃなくて いいから全部 シェル型にして ほしい…
次の車両は ビジネスパーソン 向けのものです

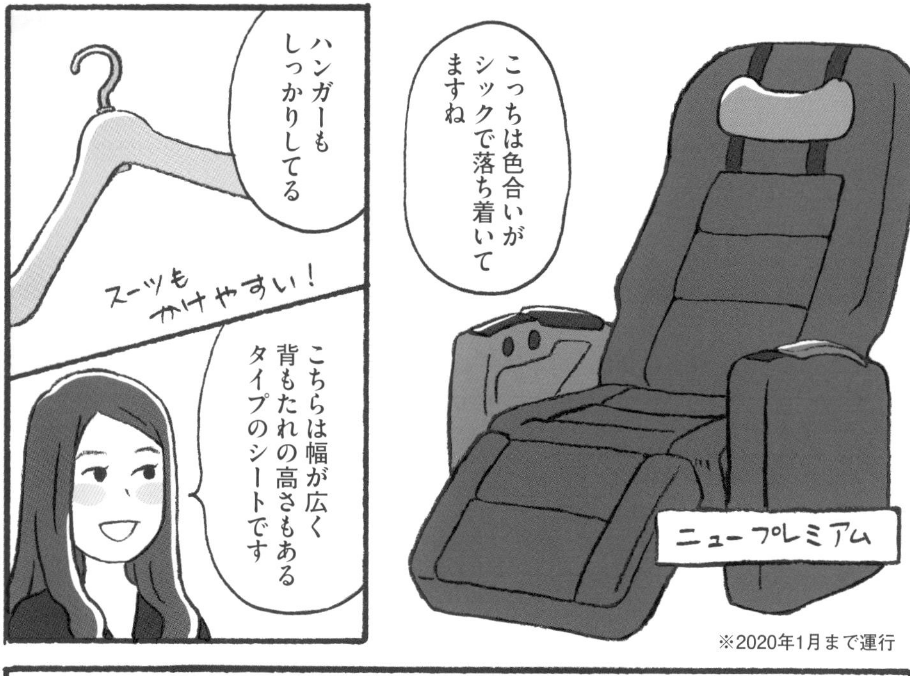
こっちは色合いが シックで落ち着いて ますね
ニュープレミアム
ハンガーも しっかりしてる
スーツも かけやすい!
こちらは幅が広く 背もたれの高さもある タイプのシートです

※2020年1月まで運行

なので 身長180㎝の 方でもゆったりと 座ることが できるんです
安心感 ある!
私(156㎝)が 座るとすっぽり 収まる感じですね

本当いろいろなシートがあるんですね
そうですね
運行終了してしまったものもありますが、様々なバスを開発して参りました
たとえば座席が斜めに配置された2列シート「コクーン」ですとか
あ！知ってます！めちゃくちゃインパクトありましたよね
いつか乗りたいと思っていたらいつの間にか終了してて悔しかったです
人気の車両でした
くっ
●2列独立シート
シェルに囲まれた半個室の席は斜めになっているので、後ろを気にしなくて良い。
コンテンツ系でしたら「スターファイター」というものもありまして
こちらは体験型のバスになっていました
01

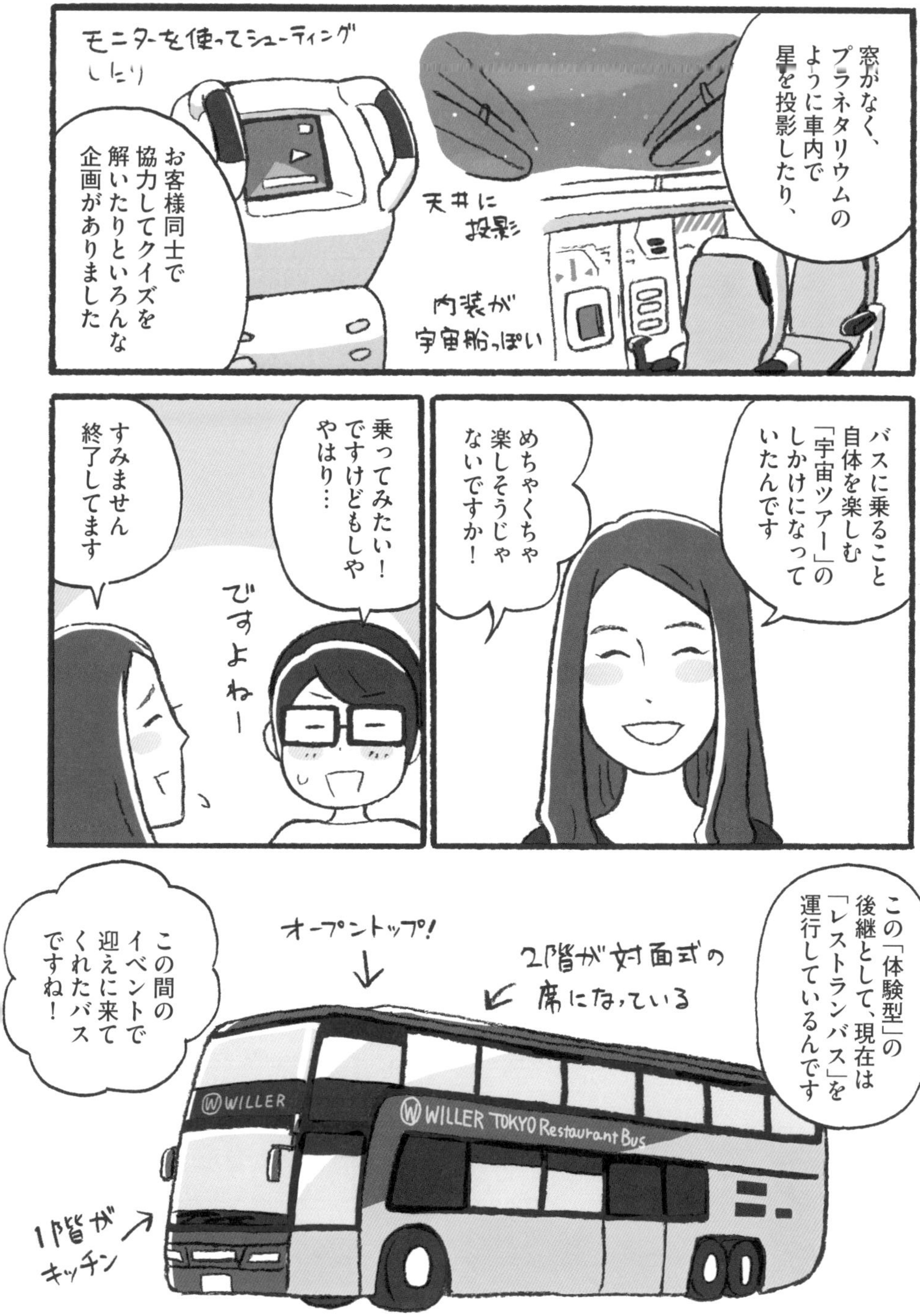

窓がなく、プラネタリウムのように車内で星を投影したり、
天井に投影
内装が宇宙船っぽい
お客様同士で協力してクイズを解いたりといろんな企画がありました
モニターを使ってシューティングしたり
バスに乗ること自体を楽しむ「宇宙ツアー」のしかけになっていたんです
めちゃくちゃ楽しそうじゃないですか!
乗ってみたい!ですけどもしややはり…
ですよねー
すみません終了してます
この「体験型」の後継として、現在は「レストランバス」を運行しているんです
2階が対面式の席になっている
オープントップ!
この間のイベントで迎えに来てくれたバスですね!
1階がキッチン
WILLER
WILLER TOKYO Restaurant Bus

シートだけでなくそういった企画も積極的にされているんですね
すごい!
コンテンツ系は夜行バスではありませんが、いろんなバスが走っているのでチェックしてみるのもオススメです!
あと
これからは気になる車両があったらとりあえず乗っとこう!
いつまでもあると思うな
ところで
キョロキョロ
さっきのもこのバスもトイレがついてないんですね
大体バスの最後尾か真ん中地下にあります
そうですね
お客様からのお声があって今、トイレの無いバスが多いんです
え
トイレ、ない方が嫌がられませんか?
匂いや音が気になるなど好まれなくなってきていて

その分 座席を増やせるので乗車賃を抑えることもできます
あー
ナルホド
ただ実際そうしてみるとやっぱりトイレはあったほうがいいとの声もあり…
使わないとしても、「ある」だけで安心感がありますもんね
なので最近ではまたトイレを設置した車両を導入しています！
ぐっ
対応早っっ！
本当柔軟ですね
ありがとうございます
この柔軟さに強さを感じます！
というわけで次の車両は新しく入ってきたトイレ付きのものです

後方右手にトイレがありその奥が乗務員の仮眠室になっています
あーっ!!!
私ずっっと見てみたかったんです！
乗務員用仮眠室
乗務員さんの仮眠室！
高速バスは距離に応じて2人体制で運転、途中交代をして走っています
2人1組
運転
途中で交代
仮眠
その際、運転をしない方は仮眠室で仮眠を取られていることが多いのです

以前トイレ休憩で降りた時にたまたま見かけたことがあるのですが
トランクの横にベッドルームが!?
夜のサービスエリアにて
秘密基地みたいでトキメク…
帰って調べてみると仮眠室には床下タイプと車内後方タイプがあるようで
ほー
いつかじっくり見てみたい…
ずっとそう願っていたのです
あわよくば中で寝たい…
夢が叶いましたー!!
すっげー!!
よければぜひ中に入ってみてください!
!?
いいんですか?
人様の寝室に?
もちろんです!

よじよじ
っ
一回閉めますね
あ、はい
……
ピシャッ
じーーん…
バスのマンガ描いててよかった…
心底感動しました
しっかり足を伸ばして休める!
小窓
室内灯
読書灯
内線
コンセント
室内には読書灯や内線外の様子が見える小窓などがありました

シャー
いかがでしたか？
あ
お帰りなさい
ドラ◯もんに憧れて、こっそり押入れで寝起きをした幼少期の記憶がよみがえりました
あー
仮眠室は大切な休憩場所
ここまではしゃいでおいて説得力がないかもしれませんが、勝手に覗いたり入ったりしないようにお気をつけください！
トイレは仮眠室の横にありました
キレイ！
どうしましょう私もすっかり満足してしまいました
喜んでいただけてなによりです！
すっ…
最後に、もう少し安全対策に関してご説明をさせていただきますね！

安全対策ですか？
はい！
弊社では「運輸部」という専門部署を設けて、安全基準の策定や安全指導をしています
その安全指導のもと日々の整備士による車両整備はもちろん
アルコールチェック
運行管理者による乗務員の出退勤時のアルコールチェックや健康管理などを行なっています
対面チェック
そういえば御社は社員さんの健康管理にも力を入れているとお聞きしたような
はい
夜間移動が多いとどうしても生活が乱れがちになってしまいます
不規則な睡眠や食事…
そこで食堂では健康管理を意識したメニューを提供するように工夫したり
長距離運転後すぐに十分な休憩が取れるよう駐車場のすぐ横に宿泊棟を建てました

WILLER
乗務員の健康を促進して健康起因の事故を防げるように
この「新木場BASE」が開設されたんです
すごい…安全のために社員さんの健康管理にも余念が無いんですね
健康でないと安全な運転もできませんからね！
他にも、最新の技術でバスの運転をサポートするようにしています
というわけでここからは
そういえばそういうの全然知らない
実際に運転をしている乗務員からご説明させていただきます
わ！直接お話を伺えるんですね！

大阪行きこぼれ話

これをきっかけにおしゃべりが始まりました

第7章

現役乗務員さんに聞く、運転席の秘密！

こんにちは
乗務員の
佐々木です
佐々木さん
あれ？もしかして
この間のイベントで
車内アナウンスを
されていた方ですか？
ああ、
あの時参加
してくださって
いたんですね！
入社4年で、
当初は夜の運行を
現在は昼の運行を
担当しています
両方経験
されているん
ですね！
よろしく
お願いします
えっと、ではまず
1日のお仕事の
流れを教えて
いただけますか？
そうですね 例として
東京↕山形間の
1日でご説明しますね
東京
朝出勤
健康チェック
点呼など
乗車前の
安全チェック
出発
乗車中
乗客への対応
休憩時間中の
車体チェック
etc
山形着
車体整備
宿泊
翌日
帰りのバスを
運転して東京へ
夜運行では
これが昼夜
ぐるっと
逆転します

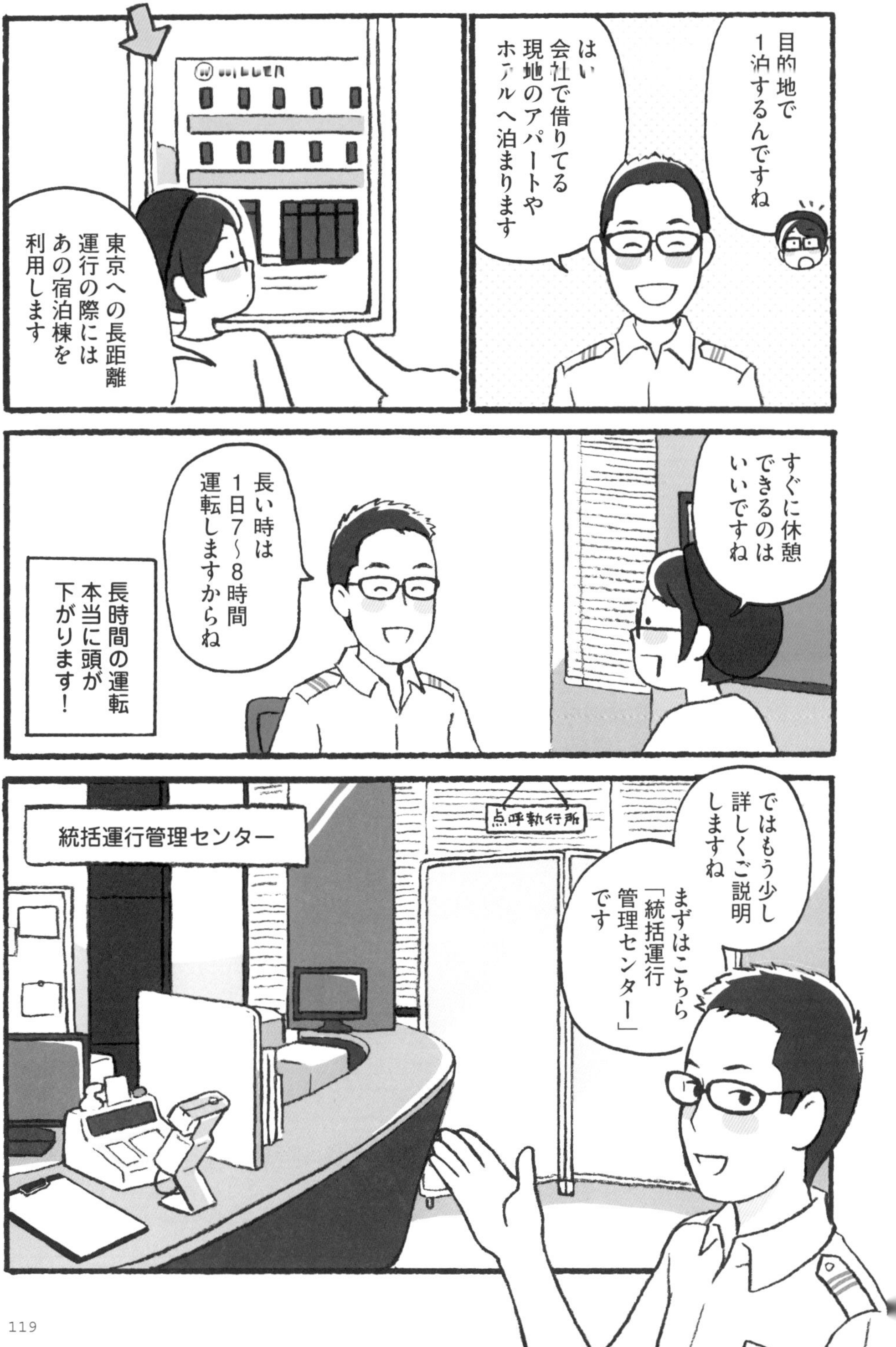
目的地で1泊するんですね
はい 会社で借りてる現地のアパートやホテルへ泊まります
東京への長距離運行の際にはあの宿泊棟を利用します
すぐに休憩できるのはいいですね
長い時は1日7～8時間運転しますからね
長時間の運転本当に頭が下がります!
ではもう少し詳しくご説明しますね
まずはこちら「統括運行管理センター」です
統括運行管理センター
点呼執行所

バスに乗る前は
必ずここで
アルコールチェックや
対面での健康チェック
などを行います
体のチェックが
できたら
乗車前点呼、
道路状況や
運行ルートの
確認をします
天気や
工事・事故など
道路交通情報
全国のバスからの
連絡がこちらへ届き、
また指示が飛ばせる
ようになっています
乗車中のお客様の
ご相談窓口もここに
繋がっているんですよ
24時間体制で
稼働しておりまして、
個別の連絡はもちろん
災害などの緊急時には
一斉に伝達することも
可能です
個別のやりとり
一斉連絡
運行管理者

直接の連絡以外にも様々な情報が行き来しているのですが
実際に見ていただきますね
もう一度バスに移動しましょう
運転席
改めて見るとコックピットみたいですね！
運転中はこれを装着しています
？無線ですか？
これは「フィーリズム」です
フィーリズム？

フィーリズムとは脈波（心拍変動）から眠気の予兆を検知するウェアラブルセンサー
首にかけてクリップを耳につける
眠気の予兆を検知
この部分が振動する
管理センター
Caution!
声かけ
大丈夫ですか？
少しでも異状を検知すると、乗務員に振動で注意を促し、また運行管理センターからも声掛けを行ないます
ここに車載カメラがありますよね
はい
フィーリズムが検知したり車内に異変があった時は、このカメラから運転席の様子を見られるようになっているんです
これは弊社だけでなく、多くのバス会社で使用されているんですよ
へー！
この取材後他社さんのバスに乗る時こっそり見てみたのですが、実際に装着されていました！
つけてる

ここに運行表を入れて、
停車予定の
サービスエリアや
発着時間を
確認しています
サービスエリアに
ついたら車体の
チェック！
タイヤの空気圧や
ナットのゆるみを
チェック
あ、これは
この間体験
しました！
エンジンルームの
匂いや目に見える
範囲で異状がないか
確認しています
もし万が一そこで
トラブルがあったら
どうされるんですか？
その場合は速やかに
運行管理センターへ
連絡して、
指示をあおぎます
ライトのバルブが
切れたくらいでしたら
その場で交換しますよ
へ〜！

乗務員さんにしたら当たり前のことかもしれませんが、すごいですね
いえいえ
まあ、これまでそのような乗車中のトラブルが起こったことはないんですけどね
普段からの安全チェックのたまものですね！
そうそう、お客様の乗車チェックはこのタブレット端末でしています
弊社では出発の20分前までご予約できるんですよ
結構ギリギリまでできるんですね！
会議室に戻りましょうか
はい～
※便によって違うようなのでお気をつけください
最新の技術をうまく活用されてるんですね
ほー
そうだ、さっきシートの変化を色々教えていただいたんですが
佐々木さんが運転されてきたこの4年間で、車両の変化などは感じられますか？

そうですね
う〜ん
私が入社した当時はコンセントの設置もまだ少なくて、いいシートにしかついていませんでした
え、そんな最近まで？
はい 今はほぼ全ての車両にコンセントかUSBポートがつくようになりました
コンセントはもう必需品です！
バス会社によっては両方ついてることも
あとはオートマ車が増えてますね
え！そうなんですか？
大型車と言えばマニュアルが主流だと思ってたんですけど
へーっ！
そういうイメージですよね
マニュアルの方が細かい操作ができるので扱いやすい、という声も多いんですが…

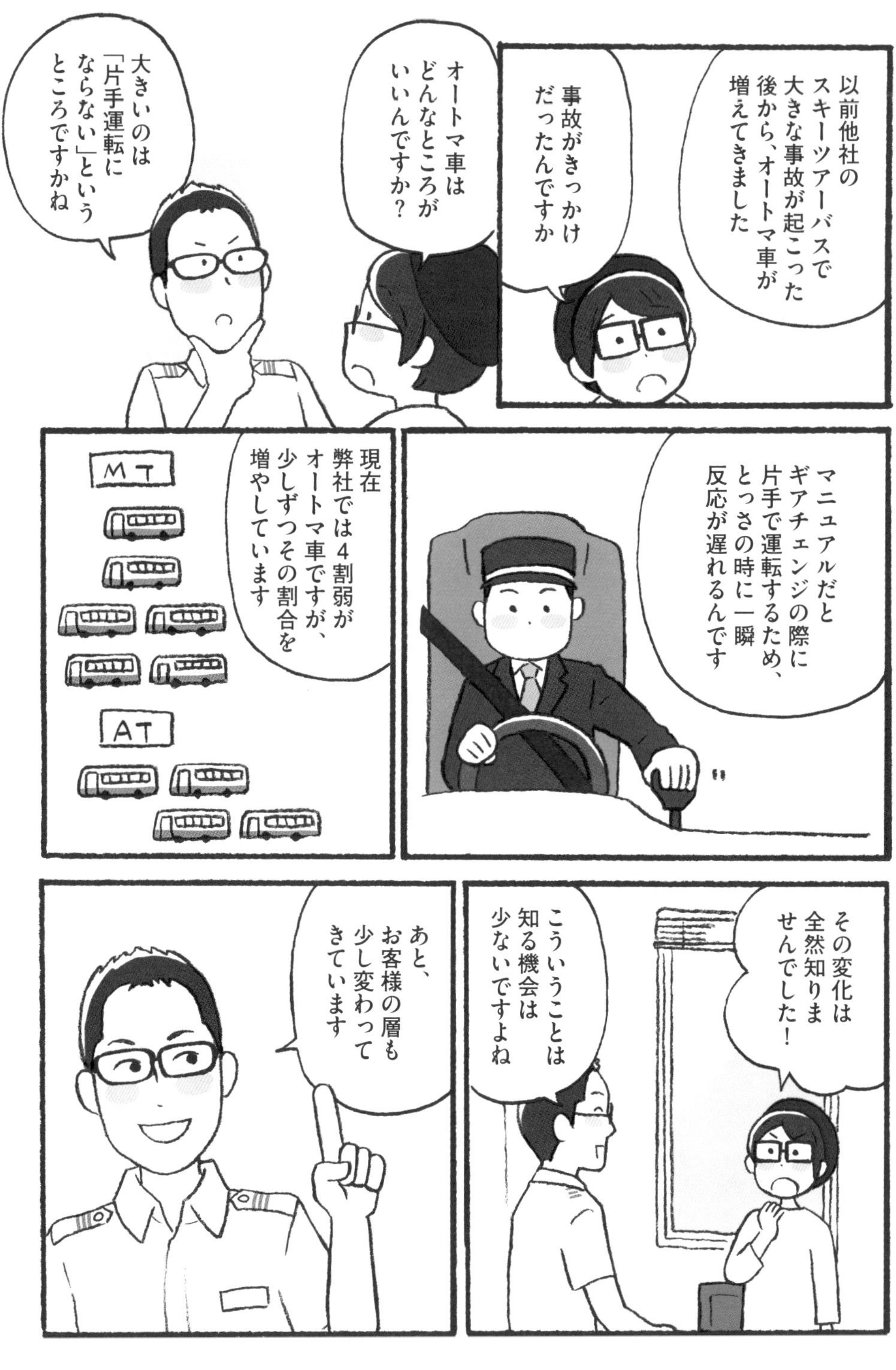
以前他社のスキーツアーバスで大きな事故が起こった後から、オートマ車が増えてきました
事故がきっかけだったんですか
オートマ車はどんなところがいいんですか？
大きいのは「片手運転にならない」というところですかね
マニュアルだとギアチェンジの際に片手で運転するため、とっさの時に一瞬反応が遅れるんです
現在弊社では４割弱がオートマ車ですが、少しずつその割合を増やしています
MT
AT
その変化は全然知りませんでした！
こういうことは知る機会は少ないですよね
あと、お客様の層も少し変わってきています

最近では海外の方や年配の方のご利用が増えています
年配の方もですか？
Senior
一定数なられるのは先ほどお聞きしましたが…
昔に比べるとシートがかなり快適になりましたからね
移動の選択肢のひとつになってきたんだと思います
それは嬉しい変化ですね！
…
そもそもの質問なんですがバスの運転手さんには どうしたらなれるんですか？
そうですね まずは大型2種の免許が必要で
運転免許証
中型
大二
ああ 大型って免許取るの大変そうですね
いえ 免許は教習所に通えば取れるのでそれ自体はそこまで難しいことではないんです
と言うと？

そこからの研修の方が大変なんです
あー
どのくらい研修期間があるんですか？
早い人で3ヵ月くらいですかね
最初は2名体制で練習を重ねて
合格をもらえたら ようやく乗務員としてスタートできます
合格！
初めてお客さんを乗せて運転した時はいかがでした？
それはもう！緊張しました
人の命を運んでいるのでやっぱり全然違いますよね
私なんて想像しただけで震えます
10年以上運転してない
超ペーパードライバー

運転中に気をつけていることってありますか？
そうですね
安全はもちろんですがいかにお客様に不安を与えないよう運転をするのか
ですね
どうしたらいいかいつも考えますがやっぱりベテランの先輩方はすごいです！
何が違うんですか？
一番は「丁寧さ」ですね
アクセルにしても一気にではなくじわっと踏むとか
できるだけ車体が揺れないよう
むやみにハンドルを動かさないように気をつけています

それができるのって
ご本人の性格とかの
影響が大きいんです
かね？
いや〜
技術と経験
ですかね
ここは坂道だとか
この信号は長いとか
通る道を覚えていると
どう対応すべきかが
わかりますし
道路のどこに
でこぼこがあるか
などを考え 巧みに
ライン取りをする
乗務員もおります
ズー
す、
すごい！
日々そうして
経験を積み重ねて
います
さすが
プロ
ベテラン
乗務員さん
かっこいい
ですね…！
匠の仕事！
運転に関して
以外でしたら、
柔らかい接客を
心がけています
佐々木さん
その辺は
ばっちり
ですね！
柔和で
話しやすい！
いえいえ♪
仕事をしていても
お客さんと接して
いると楽しいんです

夜の運行では難しいんですけど
昼の運行ではお客様と接する機会が増えて嬉しいです
私も乗り降りする時にあいさつはしますけど、乗務員さんとゆっくりお話ししたことはほとんどないんです
お話しされるお客様は少数なんですけど
バスが好きで興味のある方がお声をかけてくださったり
行き先の天気のこととか本当に世間話ですね
あとは出発時の人数確認の時など困ったことがないか積極的にお声をかけたりしています
一度会話が生まれると困ったときに言いやすくなりますし、乗ってる側としても嬉しいです！
乗客が2人だけの夜行に乗った時は話しやすくて安心したなー
…逆に困った人に出会ったりとかありますか？
ここだけの話
こそこそ
うーん

ゼロではないですが…
トラブルがあって席を変わっていただいたことはありましたね
そういう場合も誠意をもってできる限りの対応をさせていただくようにしています
運転だけに集中できないのは大変ですね
そうですね…
でもやっぱり降りられるときにお声をかけていただけると本当に嬉しくて
ぱあっ
仕事をする上で大きなモチベーションになります！
…いじわるな質問してすみません…
まぶしい…
いえいえ
そういうお話を伺うと、やっぱりお礼とかは積極的にお伝えしたくなりますね！
ありがとうございます

あ
そろそろいいお時間ですね
わー長い時間すみません
あの最後に何かメッセージやお伝えしたいことはおありですか？
そうですね
やっぱり長距離バスはまだ敬遠されている部分がありますが
今は車両もシートもどんどん新しくなって座り心地もすごくよくなってきています
「事故はゼロです」とは決して言えませんが
新しい技術も取り入れながら常に安全対策への取り組みに力を入れています
安心して移動手段のひとつとして気軽に使っていただけたらと思います！

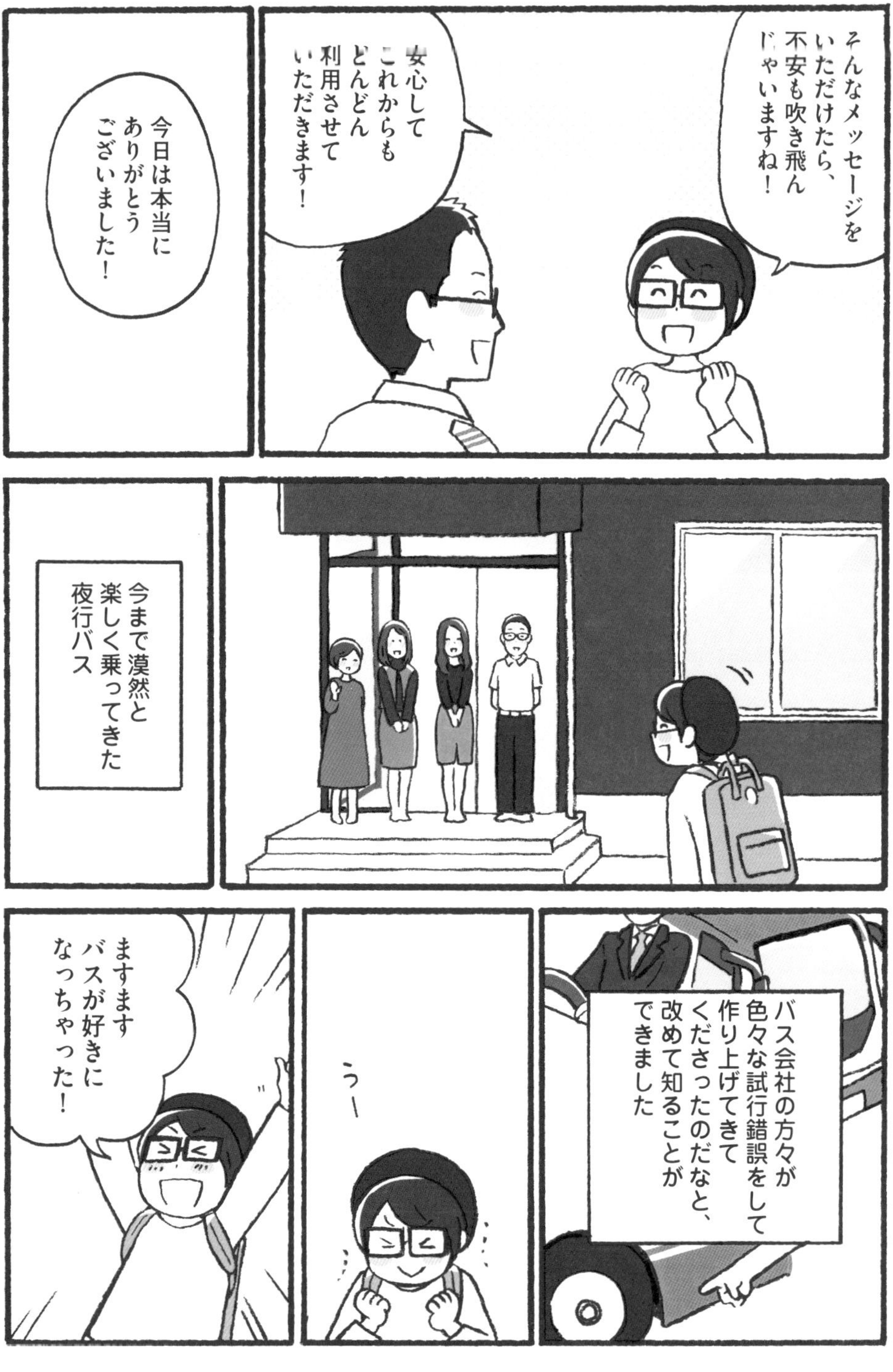
そんなメッセージをいただけたら、不安も吹き飛んじゃいますね！
安心してこれからもどんどん利用させていただきます！
今日は本当にありがとうございました！
今まで漠然と楽しく乗ってきた夜行バス
バス会社の方々が色々な試行錯誤をして作り上げてきてくださったのだなと、改めて知ることができました
うー
ますますバスが好きになっちゃった！

今回はいろんなバスに乗ったり、実際に働いている人の話をお伺いできたり…本当に楽しかった〜！
私がバスを利用してきた十数年の中でバスはどんどん変わってきています
この数年でもびっくりするくらい変わってきたのに、さらにこれからはどうなっていくのでしょう
楽しみだな〜！
よし！
次はどんなバスに乗ってどこに行こう！

もっと!

夜行《やこう》バスで出《で》かけましょう

2020年4月24日第1刷

著者
小川《おがわ》かりん

ブックデザイン
鈴木成一デザイン室

発行人
堅田浩二

DTP
松井和彌

発行所
株式会社イースト・プレス
〒101-0051 東京都千代田区神田神保町2-4-7 久月神田ビル
TEL: 03-5213-4700 FAX: 03-5213-4701
https://www.eastpress.co.jp

印刷
中央精版印刷株式会社

ISBN978-4-7816-1870-8 C0095

協力: WILLER